懂社交心理学的女人有人缘

朱丹 —— 著

中国致公出版社
China Zhigong Press

图书在版编目（CIP）数据

懂社交心理学的女人有人缘 / 朱丹著. — 北京：中国致公出版社，2017

ISBN 978-7-5145-1047-8

Ⅰ.①懂… Ⅱ.①朱… Ⅲ.①女性—心理交往—社会心理学—通俗读物 Ⅳ.①C912.13-49

中国版本图书馆CIP数据核字（2017）第120221号

懂社交心理学的女人有人缘

朱 丹 著

责任编辑：尤 敏 卜艳明
责任印制：岳 珍

出版发行：	中国致公出版社
地 址：	北京市海淀区翠微路2号院科贸楼
邮 编：	100036
电 话：	010-85869872（发行部）
经 销：	全国新华书店
印 刷：	北京中印联印务有限公司
开 本：	787mm×1092mm 1/16
印 张：	15
字 数：	240千字
版 次：	2017年7月第1版 2017年7月第1次印刷
定 价：	39.80元

版权所有，未经书面许可，不得转载、复制、翻印，违者必究。

懂社交心理学的女人有人缘

近年来,"心理学"这个名词出现的频率越来越高,为官的人在谈,经商的人在谈,即将走向社会的学生也在谈。有人从人际交往方面谈,有人从审视自我方面谈,也有人从职场斗争方面谈。

不管是为官、经商、还是打工,不管是正常的人际交往,职场上的尔虞我诈,还是生活上的风云变幻,都不难看出,"心理学"被使用的频率越来越高。每一个人都希望通过准确运用心理学,成为生活中左右逢源的"交际高手",工作中知己知彼的"常胜将军"。

"心理学"运用的重要性对现代女性而言,更是不言而喻。

女人的一举一动,一言一行,甚至是一件衣服的风格,一支口红的颜色都会受到心理的影响和支配。很多女人都以为心理学很神秘,但实际上,心理学却是每个女人都能弄懂掌握的一门学科。了解一些心理学的基本知识,掌握心理现象等知识,能够帮助女人看透人心、驾驭人心,从而在细节中掌控主动;也能让自己的一言一行、穿着打扮、举手投足更具魅力,处处打动人心。

喜欢钓鱼的人都知道，钓鱼要根据不同的鱼，选择不同的诱饵。其实钓鱼的过程就是一个心理博弈的过程。想要吃什么鱼就要钓什么鱼，想要钓什么鱼就要想方设法迎合这种鱼的口味。生活和事业成功的道理也是如此。就像你去化妆品店买一支口红。首先，你应该明白，这支口红在什么场合会派上用场，这些场合有什么样的人出现，你想给这些人留下什么样的印象。然后，你要了解不同颜色、不同质地的口红所能营造的不同感觉，进而根据想要塑造的形象选择最适合的那一支。只有先了解你自己需要什么（比如朋友的赞美、上司的赏识等等），然后才能通过具体的方法从别人那里获得你所需要的。

那么如何才能从别人那里获得你想要的赞美和赏识呢？这就是一个心理学问题了。因为在这个过程中，首先你必须对对方的性格、喜好等所折射的心理特点进行研究，进而对自身行为举止、思想观念、心理特性进行培养和塑造，最后才能实现在具体的交往过程中，获得对方的肯定。

其实，对自身行为举止、思想观念、心理特性等的培养和塑造更多的是一个克制欲望的过程。人的欲望体现在生活的每一个细节中，从你张嘴吃某一种食物，或许可以看到一张被食物撑起来的肥胖的躯体。从你的一次皱眉，或许可以看到一头即将咆哮的母狮子。

欲望本是一种激励我们生活品质不断提高的动力，然而如果缺乏行之有效的管理，最终只会导致南辕北辙。相信很多女性朋友有过这样的体验。某天逛商场，突然发现了一件格外漂亮的裙子。憧憬着穿上这件裙子会赢来多少回头率的你，暗暗下定决心，这个月一定要省吃俭用"拿下"这条裙子。

但是一个夏天过后，你心仪的裙子依旧站在展览架上，对着来往的行人摇曳生姿。而你的衣柜却被一件又一件从"全场五折"、"买一送一"等促销活动中"抢"回来的衣服充斥着。最可笑的是，某天想要穿着美美的你，在衣柜前徘徊数十次后发现没有一件入得了你的眼。"没钱的时候想攒钱买喜欢的衣服"和"吃饱后喊减肥"的原理是一样的，这种缺乏克制的欲望只会让女人离"理想的自己"越来越远，正如猴子捞月，时间久了，自然会感觉受挫、甚至变得悲观消极。

　　其实，很多女人的累不仅仅是外界环境所造成的，更多的原因是由于女性缺乏对自我心理状态的了解，进而导致她们不能理智地面对自身存在的缺陷，然后进行分析和克制。因此，女性必须通过掌握更多、更全面的心理学知识对自我进行管理。只有将理想的自己放置于大众的视野，你才能收获想要的赞美和赏识。

　　本书着重让女性了解心理学在消费、理财、恋爱社交等方面的应用，从而把自己打造成人气女王，在社会、职场、家庭的各个角色中能够如鱼得水地生活。

Chapter 1
女人就是这么奇怪：消费中的趣味心理学

为什么多数女人爱逛街？_002
为什么你会留下"试用"的产品？_005
为什么我们会在差的物品上花更多的钱？_008
为什么不直接给钱而要费心思选购礼品？_011
为什么最后你买的还是第一眼看到的？_014
为什么商品越乱，越能聚集人群？_017
为什么商品的价格提高反而卖得更好？_020
为什么广告恶俗，销售依然火爆？_023
为什么商家不多设收银台解决排队难题？_025
为什么意外之财会使人产生不可思议的行为？_027
为什么试衣镜都是斜着放的？_030
为什么商业负面消息传播的更快更广？_032
为什么套装礼物卖得好？_035

Chapter 2
管好你的小钱包：走进女人消费"心"时代

不会盘算一世穷："负婆"是如何炼成的？_038
信用卡可不是圣诞老人的礼物_041
天价货，卖的是什么？_044
"小财心态"引发更多的消费_047
是什么让女人的消费失去理性？_050
花钱真的能够平衡心理吗？_053
不要把喜爱写在脸上_056
不选贵的，只选对的_059

Chapter 3
识破营销的噱头：
与商家的心理博弈

商家的价格障眼法 _062

商家都喜欢打出"最后"的通告 _065

超市的布局激起顾客"潜在消费" _067

羊群效应：小心中了榜样的"毒" _070

别让"免费"牵着鼻子走 _072

你中了"中杯效应"的计吗 _075

他们就是这样拉近你的心 _077

魔高一尺，道高一丈：推销术语的绝妙应对 _080

打折与返券，你怎么选？_083

Chapter 4
钱不发光则发霉：
女人投资心理学

没有一种投资叫做"稳赚不赔" _088

投资成败，差别往往在于心态的不同 _090

为什么投资者偏爱冷门 _092

别让直觉毁了你的投资 _095

想一口吃成胖子，容易被噎着 _098

女人不善"止损"的四个原因 _101

投资是为了生活，生活不是为了投资 _104

成功开店的心理历程 _107

不可不防的投资陷阱 _110

Chapter 5
爱得轻松恋得明白：
女性情爱心理学

为什么说恋爱中的女人最傻？_114

希望男人为自己花钱是怎样一种心思？_116

如何面对婚姻的彩排？_118

男人寻根究底的背后_121

聪明女人用创意谈恋爱_124

喜欢一个人，真的不需要理由？_126

男女恋爱中的心理差异_128

男人的爱，不会放在钱包里_130

女人的爱情做加法，男人的爱情做减法_133

寂寞不是随便恋爱的理由_136

谈一场轻盈的恋爱_138

若爱请深爱，若弃请彻底_141

Chapter 6
"百搭"女人的交际智慧：
女人社交心理学

适当寒暄：寒暄不是一种虚伪，而是一种需要_146

钓鱼理论：最适用的"攻心"法则_149

对等心理：谁都想交到"有用"的朋友_152

立场效应：多说"我们"少说"我"_155

互惠定律：有来有往，互惠互利_158

缺陷效应：你的"完美"，可能吓走别人_161

逆反效应：强迫不如引导_164

顺水推舟：把别人送你的"高帽子"转嫁出去_167

登门槛效应：先得寸后进尺_170

暴露策略："小秘密"可以拉近彼此的心_173

相悦定律：你喜欢别人，别人就容易喜欢你 _176

近因效应：感情不是你有空才珍惜 _179

相似效应：营造"一见如故"的感觉 _182

差异效应：因为不同，所以喜欢 _185

破窗效应：及时修复受损的人际关系 _188

太极效应：每个女人都会一点"柔道" _191

主场优势：消除社交紧张的心理策略 _193

欲擒故纵：让别人主动跳进你的"关系网" _196

Chapter 7

君子好交小人难处：女人要懂的"小人"攻心术

由小见大识小人："小人"的十大特征 _200

细数生活中的"六型"小人 _203

看透的时候，假装没有看透 _206

出丑法则：让嫉妒的"暗箭"绕道而行 _209

惹不起，躲得起 _212

敬而远之：与小人划清界线的心理策略 _215

第一次就给个"下马威" _218

扮猪吃老虎：百忍之后的致命一击 _220

遭遇同事"争功"，攻"身"不如攻"心" _223

附录

别让你的才华失控 _226

该出手时就出手 _228

Chapter **1**

女人就是这么奇怪：
消费中的趣味心理学

就像大多数男人都喜欢看足球一样，大多数女人都喜欢逛街，这是天性使然。而正因为女人爱逛街，是消费的主力军，所以商家会对女性的消费心理加以研究，变着法子赚女人的钱。比如会想方设法让她们去购买她们不一定想要的东西。对此，商家会在商场的设计、价格的让位、推销的话语等各方面来吸引女性。所以，我们要多了解商家的这些手段，以免陷入消费的陷阱。

为什么多数女人爱逛街？

女人可以说是天生爱逛街。逛街的女人，不分年龄大小，不论贫富贵贱，不讲文化层次，开心也要逛，伤心也要逛，或三五成群，或男伴作陪，或单枪匹马，有时满载而归，有时空手而回，无论怎样，她们都逛得欢天喜地、不亦乐乎，大有二万里长征一不怕苦二不怕累的精神。

女人逛街，关键在于一个"逛"。所谓"逛"，汉语中的意思为：闲游、游览，外出散步等。"逛"字里有"狂"，女人对于逛街的热爱已接近疯狂，几乎像打了鸡血一样，与男人对于DOTA、世界杯的热爱有的一拼。

为什么女人如此热衷于逛街？下面我们从心理学的角度加以分析一下。

一、女人爱逛街这个问题，可以从原始社会男女分工问题开始说起。在远古时代，男人主要负责狩猎，女人主要负责采集野果。男人狩猎，通常都会以最快的速度杀死猎物，然后赶回家中交给亲爱的妻子，对于他们来说，如果短时间无法杀死猎物，那是一种耻辱，也因为猎物是家中必备的吃食，他们必须那样做。男人从远古时代走来，到了今日的购物，他们也采取同样的方式，总是会以最快的速度选择好、付款、拿回家，稍有迟疑，他们就会觉得那是在浪费时间。而女人则恰好相反。在古代，女人采摘野果时，总是一群女人结伴而行，大家有说有笑，走走停停，玩玩闹闹，她们从不在意今天是否采到了新鲜的野果，也并不在意是否能够准时回家，因为这原本也是无关生死的事情，没必要那么在意。所以，直到今天，女人依旧采取同样的方式进行购物，能不能买到东西，和买到什么东西都是无关紧要的，只要自己享受了这个过程就是好的。

而即使到了现在高度文明的社会，男女的社会角色分工仍然倾向于男主外，女主内，在生活日用品消费方面的大部分责任都是由女性承担，所以女性自然要在逛街上投注比男性更多的时间。这也是为什么已婚女性更喜欢逛街的原因。

二、女人天性爱美，女人的衣服永远不够穿，女人的衣柜里永远少一件衣服。除了衣服，还有鞋子、饰品、化妆品、包包、私人用品……从头到脚，从里到外，都是美丽的附属品和消耗品。女人的服装很重要，妆容很重要，女人外出的时候，要根据天气、季节、潮流、肤色、要去的场合、要见的人、见人的目的以及她的心情来决定穿什么衣服，精心打扮。所以女人的衣服、饰品等一定要精致、丰富，于是，女人要逛街要精心挑选。

男人喜欢看女人，是因为欣赏异性之美，而女人却也喜欢看女人，并不是女人不懂欣赏异性之美，而是因为女人天性爱美，也爱比较，所以看到其他女人都是要比较一下，是自己穿着打扮更美一些，还是对方更出众一些。

三、女人逛街能够愉悦自己。对大多数女人来说，逛街能让她们释放压力，在不停地走动和谈话、不停地试衣服、看喜欢的东西、讨价还价这个过程中，她们愉悦了自己。女人天生喜欢一切好玩好看的事物，不管它们有用没用。

正像《蜗居》里海萍说过的一句话："逛街对于女人来说，是对精神层面的追求，而不只是对物质的追求。"一语道破天机。女人逛街不单是为了购物，满足物质生活，她们在逛街的过程中更注重精神享受。女人逛街，乐趣不在于结果，而在于这个过程。在这个过程中，她们还能享受生活，品味艺术，街头的风景是靓丽流动的，行走在人流如织、风景靓丽的街头，如同观赏人世众生相，浏览人间万象图。

女人逛街不仅仅是为了买东西，逛街重在一个"逛"字，浏览着新上市的衣服鞋帽，讨论着今年流行的颜色和款式，这对于女人来说，是一种解压的方式，只有在这个"逛"的过程中，女人才能把重心转移到自己身上，会比较自己穿什么衣服好看，会注重自己今年需要什么款式来跟上潮流。女人从逛街中获得愉悦，因此何乐而不为呢？

四、女人逛街还是一种人际交往活动。对很多女性来说，她们逛街的目的就是为了陪死党、闺蜜、朋友玩。尤其是周末，反正没什么事情，就陪朋友一起出来玩玩，正好可以增进朋友之间的感情。

总之，女人爱逛街是很多因素相互影响的结果。女人逛街有很多好处，可以货比三家，精挑细选出自己想要的东西、可以释放压力，可以陪朋友，还可以拉动内需。爱逛街的女人都是热爱生活的，逛街的女人比总是宅在家里更健康、更阳光。总之，女人逛街，好处多多，值得推广。

任何事物都有两面性，正因为女人爱逛街，商家都知道女人的钱好挣，经常会想方设法设计一些"陷阱"让女人跳下去，所以，女人在逛街过程中一定要保持理性，不花冤枉钱，不上商家的当。

为什么你会留下"试用"的产品?

无论是走出门去逛街,还是足不出户在网上淘宝,都会经常遇到"免费试用"这样的"好事",犹如天上掉馅饼一样。但只要是掉馅饼,就一定会有陷阱,这是百试不爽的规律。那些免费"试用"的产品,最后往往都被我们留下,不管对我们有用还是没用,我们都为它们买单了。这其中真正的原因是什么呢?

上大学的时候,我就有过这样的亲身经历。圣诞节与室友去逛街,两个人刚进一个商场,就被一帅哥拦下,帅哥面带微笑,巧舌如簧,说他们公司在搞活动,回馈客户,可以免费试用他们的化妆品,还可以免费做一个面部美容。于是乎,在免费的诱惑下,两个缺乏社会经验的单纯学生妹就这样走进了圈套。

进入他们的店内后,有两个姐姐来给我们做面部美容,两个姐姐时尚漂亮,亲切热情,一边夸奖我们漂亮、皮肤好,一边指出我们皮肤存在的一些问题,留下好感的同时激发起我们想改善皮肤问题的兴趣,而后自然而然开始推荐给我们试用的这些产品,说一些效果好、无副作用物美价廉之类的话,最后,我们两个人都对产品很心动,觉得这就已经是自己的东西了,必须买下来。于是,那天,我们两个人满心欢喜满载而归,各自买了一大包的化妆品,花光身上的所有钱。

结果是,买来的这些化妆品效果都很一般,价格却不菲,而且有的根本不适合当时的我们使用,于是大呼上当。要知道,这浪费的可都是父母的血汗钱啊!

其实,冷静下来看,商家的手段主要就在"免费"这两个字上,在"免费"这个面具的掩盖下,消费者会失去原有的理性。社会心理学上有一个著名的"曝光效应",即熟悉能导致好感,无论是对人还是对物,见面越多,好感也就越多。人对自我是会维护、提高的,对与自己有关的人和事,也会比较积极地关注,而商家推行免费试用品，使得消费者对该产品产生熟悉的心理，由此激发购买欲，最终导致冲动消费。"免费试用"就是利用了"曙光效应"这一原理，突破了人们的心理防线。而且，经常试用某一厂商的产品后，消费者对这一品牌会变得越来越熟悉、也会随之越看越顺眼。

我们的生活到处充斥着"免费试用"，上面所说的对于化妆品的试用只是冰山一角。最有代表性的就是杀毒软件金山、卡巴斯基等等，最初都是让用户免费试用，走一种"零付费"的模式，等用户习惯使用这些软件后，企业就开始收费，用户自然而然就留下了这些软件接着使用。还比如现在的大型超市时，一些食品柜台前常能看到"免费品尝"的场景。

商家除了有效利用了曙光效应外，还设下了其他一些陷阱。比如，移动联通也经常推出这样的活动，什么手机报，彩铃免费试用两个月，等你习惯试用后，就开始收费了。这些做法真的是屡试不爽，化妆品中最有代表性的就是日本化妆品 DHC，其进入中国的"王牌"法则就是让女孩们蜂拥上网注册，获得其免费小样。

随着电商的强劲发展，网上的"免费试用"营销模式更是随处而见，目前已经有很多网站为网民提供种类丰富、数量众多的免费试用商品，比如，淘宝就凭借庞大的用户规模与国内知名厂商等合作，从而迅速成为国内知名品牌厂商推广"试客"服务的主要基地，为"试客"提供涵盖吃、穿、用、玩等各个方面数十个品牌的商品。一些网友对享用这种"免费大餐"乐此不疲，成为了"试客达人"。

纵观网上的"免费试用"模式，试用方式主要有三种，第一种是免费免邮试用，但需要提交试用报告；第二种是免费不免费邮，可不提供试用报告。

所谓无利不起早，商家从来不会做亏本的买卖，那这些"免费使用"中又有什么猫腻呢？

对于第一种方式，一般很难申请到，试客必须提供自己的真实资料和一份试用报告。商家的目的就是试客们的资料和试用报告，有的试客申请免费试用产品后，手机上就常常收到一些莫名其妙的短信和电话。这可能是其个人资料被网站给出售了。应验了那句话"凡事都有代价的。"

对于第二种方法，一些免费不免邮的试用产品，不要求你提供试用报告，但是邮费相比正常快递和物流要稍高。但胜在免费试用，于是觉得邮费稍微贵点也可以接受。

但这些试用中心很可能是以假冒伪劣产品冒称名牌，以赚取运费为目的。例如，一件试用产品他们花了 5 元，冒称市场价 100 的名牌小号装，然后运费用了 10 元，寄到你手里，而他们却收了你 20 元的运费，这样一个试用品发出去，他们就可以赚 5 元。

还有一些情况，有些试客没能申请拿到免费商品，他们反而会到商家的网站上去订购一件。于是商家还是赚了。

这两年，家电厂商促销战也打得火热，各种电器的"免费试用"促销活动也越来越多。比如，有些家电连锁店承诺某洗衣机购买后可以"试用 30 天，不满意退款"，并签订协议。这种促销模式也暗藏种种风险，有些是试用协议陷阱，协议中约定了严苛的退货条件。有些是法律风险陷阱，根据合同法规定，如果商品在免费试用期间发生了毁损或灭失，其风险要由买受人即消费者承担。还有些是增值服务陷阱，比如商品虽免费试用，也可退货，但安装、拆卸费用均需消费者承担。

总之，"免费试用"大多都是一个幌子，商家是逐利而生的，实际上任何的"免费试用"都是利用消费者心理的一种营销手段，我们一定要擦亮眼睛，保持清醒的头脑，不贪小便宜，按需消费，保持理智，这是"放之四海而皆准"的道理。

为什么我们会在差的物品上花更多的钱？

同样的商品，质量有好有坏，价钱有高有低。可是，我们却常常在质量差的商品上花上更多的钱。当你听到这些可能有些不服气，但是你仔细盘点一下家里的物品就会发现，上个月打折促销买的洗洁精，1.5L一大桶，结果买回来不好用，一直堆在柜子里占着地方；上星期去商场购物正碰上打折促销，明知道那些衣服质量不好，可禁不住价钱的诱惑，心想着就几十块的东西买回来穿着玩，结果花了几百块买了好几件，至今还从未穿过；前两天下班路上看到旁边的洗护用品店，进去一看花十几块就可以买一大瓶洗发水，一口气买了三瓶，回到家一试，洗发水连沫都没有，洗完还头痒……

难道这不是在差的物品上花更多的钱吗？买1.5L一大桶洗洁精的钱，若是买名牌产品可能只能买一小瓶，可最起码这一小瓶是真正可以用一阵子的；花了几百块买的那好几件打折衣服，自己根本不穿，还不如买一件时尚流行的名牌裙子呢，最起码自己的钱不会白花；买三瓶廉价洗发水的价钱，完全可以买一瓶质量上乘的洗发水，虽然是小瓶的，可最起码不会出现洗完头痒的状况……

有时候我们明明知道这些价格低的离谱的东西可能会有质量问题，却无法禁受住价钱的诱惑，而不惜花费大价钱买回许多。其实，这是因为人的求廉心理所致。无论穷人，还是富人，都会存在这样一种心理，明明可以花费一百块就可以搞定的东西，我为什么要花费一千块呢？大家都觉得有便宜不占，那就是傻的表现。所以，在这种求廉心理的促使下，人们往往就会花更多的钱把这些差的物品带回家。

但需要提醒广大女性的是，那些廉价的商品真的是你需要的吗？如果买回家不能用，还不是白白花了钱，还让这些商品占着地方。买东西不要图便宜，正所谓一分钱一分货，如果花了一大笔钱买回来一堆不能用的东西，难道不是便宜没捞到，还吃了大亏吗?

除了人的求廉心理能够让人在差的物品上花更多钱，还有一个重要的原因会让人愿意为差的物品买单，那就是：人的理性是有限的。

我们可以做这样一个实验，准备两个盛放冰激凌的漂亮杯子，一个杯子只能装下280ml的冰激凌，而另一个杯子能装下320ml的冰激凌。我们给280ml的杯子里装300ml的冰激凌，杯子里的冰激凌都快要溢出来了。给350ml的杯子装320ml的冰激凌，尽管冰激凌很多，可杯子大，看上去冰激凌的量并不大。

当我们理性分析的时候就会发现，如果喜欢漂亮的杯子，是350ml的大杯子更让人喜欢；如果喜欢可口的冰激凌，是320ml的冰激凌更多一些。无论从哪个角度看，都是350ml杯子装320ml冰激凌更占优势。可是，当把这两杯冰激凌展现在人们面前的时候，人们更愿意购买280ml杯子装着的300ml的冰激凌。

你可能会觉得不可思议，但是事实却是如此。这十分符合心理学家的研究。心理学家认为人的理性是有限度的。当人们在做出一个购买决定的时候，可能并不会从真正意义上去计算物品的价值，他们很难用精确的数字去计量，而是采取更为简单和直白的方法判定，那就是比较。280ml的杯子是满的快要溢出来的冰激凌，而350ml的杯子是不满的冰激凌，所以，人们更愿意选择一个满的快要溢出来的冰激凌，而不会选择实际上量更大的冰激凌。

人们在购买物品时，常常相信自己的眼睛，用目测来获得购买的答案，可是实际上目测是最靠不住的。聪明的商家正是看中了人的这些心理，才会制造出一些看上去很好，可实际上并不好的物品。

近几年来，为了促进营业额的增长，许多商家在产品包装上动起了脑筋，将承装物品的瓶子、桶、袋子等设计得五花八门、奇形怪状，而把净重量和容量等标示在很不显眼的地方，其根本原因只有一个，那就是造成错觉，让消费者从视觉上认定他们的商品是最实惠的，从而购买他们的商品。如果你仔细在超市里观察就会发现，超市里经常会把一些容易比较的物品放在一起，让消费者通过目测进行比较，从而花更多的钱买了差的物品。

所以，当我们在购买物品时，不要凭借自己的直观感觉，而是要通过精确地计算之后再进行购买的决定,这样就可以避免自己为差的物品花更多的钱了,比如说 500ml 的饮料售价 10 块钱,而 750ml 的饮料售价 6 块钱,尽管 500ml 的饮料放在小杯子里显着很多,可经过计算得知,750ml 的饮料价钱更便宜。

虽然心理学家认为人的理性是有限度的,但是,为了能够让自己不花冤枉钱,还是要保持自己的理性,通过数字、通过质量来判定商品的价值吧。

为什么不直接给钱而要费心思选购礼品？

前段时间一个表妹拉我到她家里，我问她要做什么，她说她的班主任结婚，她作为班长要替全班选礼物送给班主任，让我帮忙给提建议。我问她班主任最缺的是什么，她想了想告诉我说，房子刚装修完，什么都置办齐了，应该是什么都不缺的。不过，她转头又说，他缺钱！家里条件本来就不好，结婚买房子装修又花掉了一大笔钱，最缺的就是钱了。

我便告诉表妹，班里合伙凑点钱给班主任算了。可表妹连声拒绝，送钱多俗啊，哪有送钱的啊！表妹的话倒是提醒了我，现实生活中确实很少有送钱的，大部分人还是会费心思的选择礼品。之后我问表妹最后他们班送给班主任什么结婚礼物，表妹告诉我说买了一对情侣娃娃，还有一套双人太空枕头。可是说到这些的时候，表妹有些沮丧，班主任一共收到了三对情侣娃娃，送的太空枕头虽说是实用的，可是班主任的朋友也有不少送枕头的，他们送的枕头也只能被放到柜子里了。

我们中国是传统的礼仪之邦，在中国人的社交中，"礼"扮演着十分重要的角色。结婚生子要送礼，乔迁新居要送礼，求人办事要送礼，生病住院要送礼，探亲访友要送礼，到处都可以见到"礼"的身影。要送礼就要思考送什么礼，送什么礼成为了人们时常会思索的问题，可是，即便是这个问题费时费力，人们也不愿意直接送钱。

从心理学上分析，人们为什么不送钱呢？

首先在人们的潜意识当中，钱是什么？钱是购买商品的货币。而送礼是为什么呢？为了维护情感，很显然，钱作为一种购买商品的货币是不能维护情感的，我们用钱可以买到一切商品，却买不到感情。所以，人们宁愿想破脑袋购买礼品，也不要直接送钱。

其次，送钱显得俗气，市场上有那么多礼品可以选择，你却偏偏选择了俗不可耐的钱，在中国人的传统习惯思想中，送钱是十分俗气的事情。

最后，也是最关键的问题，模糊价值概念。如果真的送钱，送多少钱合适呢？一百两百？还是一千两千？抑或是更多？人们很容易用钱去估量物品的价值。人们也习惯性地认为，送的东西价值越高就代表两个人的关系越好，感情越深。正因为如此，人们常常选择无法正确估量价值的礼品，可是送钱就不一样了，很直观地就可以看到这到底是多少钱。一百块的钱只有一张票子，而用一百块钱却可以买许多水果，当一个病人看到一百块钱的票子和一百块钱的水果时，自然而然觉得用一百块钱买来的水果更好，更值钱。因此，市场上也越来越多地出现了一些包装高档的礼品，越是能显得高档，越是不能令人估算出它的价钱，它的销量也就越好。

当你是一个要给别人送礼品的人时，你会猜想别人收到钱时会如何猜测自己，你的猜想常常有这样两种：

一、交情不深。只有交情浅的人才会送钱，这是中国人约定俗成的一个想法。如果是朋友的孩子过满月，交情深的人必定会给孩子买衣服、买鞋子、买奶粉，而只有那些交情浅的人才会直接给钱。

二、不愿意用心思，懒惰。市场上有那么多可以选择的礼品，你却偏偏送钱，根本就是不愿意在我身上花心思，未免太懒了，或许，是我根本不配你花心思去准备礼品吧。

因此，哪怕是绞尽脑汁的去想送些什么礼品好，也绝对不会给别人送钱的。可是，如果要问你自己最想收到的礼品是什么，大部分人会不加思索地回答：钱。为什么乐意收钱呢？首先礼品是不实用的，很多礼品包装精美，却是金玉其外败絮其中，根本是一些中看不中用的东西；其次，就算是实用的，也不一定是适合我的；再次，就算是适合我的，我也不一定需要。所以，收钱最好，自己知道自己最想要什么，直接拿钱买，方便又实际。

很多商家利用消费者选择礼品的心理，经常在礼品上动脑筋，这些礼品大多有这样的特点：1、外观精美，看起来高端大气上档次，让人觉得十分阔气，十分豪爽；2、无法估计价格，如此精美的礼品自然无法估计价格，有的商场卖到几千块，有的地摊几十块就能买到，这种东西又不是苹果一斤多少钱都是板上钉钉的事情，无法估计价格的礼品是最好卖的；3、没有实际价值，这些礼品卖的就是包装，里面的东西基本上毫无价值所言，对于收礼的人来说根本也就是个摆设，不久之后可能会扔掉，或者借花献佛又送给了别人；4、包装大，东西小。这个特点在中秋节时最为明显，漂亮大气的中秋节月饼盒里面仅仅有三块小月饼，还不一定好吃。

当我们真的有必要送礼时，请理性思考一下，是不是真的有必要购买那些包装好却不实用的礼品呢？是不是真的有必要费尽心思去购买一些礼品呢？如果关系不错，你只是需要维护这些情感，那么，还是不要顾及面子，放下身段，买一些经济实惠，有真正价值的物品吧！你也可以直接送钱，相信你的朋友不但不会责怪你，还会觉得你是一个十分贴心的人。试想一下，换做是你，你肯定也希望收到一些不做摆设的礼品，能够真正用得到的礼品吧。

为什么最后你买的还是第一眼看到的?

昨天陪一个朋友去逛街,她要过生日了,想要买一条时髦的呢子大衣作为送给自己的生日礼物。现在这个季节,买一件呢子大衣可是一件十分容易的事情,商场里各个展柜,各种品牌、各种款式的呢子大衣都有。刚一进商场,还没逛多久,朋友的目光就被一件桃红色的呢子大衣吸引住了,左看右看很喜欢,穿在身上也觉得无论大小还是款式,都很符合自己的气质。朋友想买下来了,又害怕后面还有更好的,再加上感觉这件呢子大衣的颜色淡了些,太爱脏了。于是,我们便开始了寻找类似款式颜色稍深的呢子大衣之路。

在商场里兜兜转转,来来回回看了十几件呢子大衣,她也试了差不多十件大衣,可是始终找不到她满意的衣服。她怎么看都觉得还是那件桃红色的好。于是,我们又回到了那家店里,买下了那件最开始看中的桃红色呢子大衣。朋友嘟着嘴感叹:要知道最后还是买这件,刚才就直接买下了,何必转这么大一圈呢。

"这个不好,还是买刚才那个吧。"

"还是第一次看上的那个好。"

"算了吧,还是回原来的店买刚才看上的那个吧。"

很多女性在购买商品时,左挑挑,右看看,最后绕了一大圈,还是买下了最开始自己看中的商品。这是为什么呢?为什么在最后我们总是会购买自己第一眼看中的物品呢?这是因为首因效应在作祟。

在心理学上有一种首因效应。首因效应也叫首次效应,是指人们在第一次与某种物品或者某人接触时,在自己心理留下的深刻印象,这个印象会对以后的社会认知产生最重要的影响。当我们购买物品时,第一眼看中了这个物品,那么这个物品就在我们心里留下了深刻的印象，之后即便是再有类似的物品，甚至是更好地物品也很难打破最初这个物品在自己心里留下的深刻印象。

打一个比方，两个学生的试卷，每份试卷有三十道题，第一个学生的试卷答对了前十五道题，而第二个学生的试卷答对了后十五道题，但是，大部分人看到这份试卷的时候，第一感觉就是第一个学生的学习成绩要比第二个学生的成绩好，自然而然也就对第一个学生的印象要好一些。同样是答对了十五道题，当人们看到第一个学生的试卷时，首先看到的是他答对的题目，印象自然要好，而看到第二个学生的试卷时前十五道题都是错误的，第一印象已经很差，即便是他后十五道题都答对了，人们对他的印象也不会改变太多。

在购买商品时也是如此。你第一眼看到了一个自己心仪的商品，心里十分喜欢，即便是它有一些小小的瑕疵，你也不会在意，当你再看到类似的商品时，也很难改变第一眼看见的那个商品给自己留下的好印象，所以，你最后买来的商品还是自己第一眼看到的那一个。

可是，我们为什么在看到第一眼十分中意的商品时，不直接买下，而是继续看其他的商品呢？这就归结于人追求十全十美的心理，可能这个商品是不错，可是再仔细看的时候，因为追求十全十美的心理，人们总能挑出让自己稍微有一些不满意的地方，也许是商品本身的问题，也许是价钱的问题，所以，人们总要继续寻找能够让自己更满意的商品。

最终的结果想必大家也都知道，就像是小熊掰玉米，总想找到一个最大的，却发现自己掰下来的玉米越来越小，总是不如之前那个大。其实，未必是后面掰到的玉米不如之前的大，而是自己内心已经有了一个定位，有了一个期待值，认为下一个会比现在的大，于是下一个玉米和现在在手上的差不多大，抑或是稍微大一点儿，只要是没有达到自己的期待值，就会认定这个玉米没有之前那个玉米大。人也是如此，人们不断相信后面还有更好的，不断害怕自己会错过更好的，于是也就不断寻找那"更好的"，在这种"更好"地期待下，希望越大，失望就越大，之后看到的商品也就更难让自己满意了。

聪明的商家总能从人的心理上去寻找销售的答案，许多商品从外观上做足了功夫，总是能够让人眼前一亮，让你第一眼就喜欢上了，之后再怎么看，也觉得不满意，最后还是买下了它。

当你逛街买东西的时候，不要被自己的第一感觉迷惑住，要理性购物。尽管克服心理这种状态很难，可是如果不想办法克制，就会造成自己买回来的东西既不是最好的，也不是性价比最高的，最重要的是浪费了自己大量的时间。在这里交给大家一个方法，那就是带上自己好友去买东西吧，而且这个好友一定是单纯地陪你买东西，正所谓旁观者清当局者迷，她必定会给你重要的参考意见。这就是为什么很多人自己逛街很难买到合适的商品，或者买回来之后通常都会后悔，而和自己的好友去逛街，买回来的商品总是越看越爱的。

为什么商品越乱,越能聚集人群?

还记得在读大学的时候,因为资金短缺,又想买到高品质的衣服,就会去大商场里转转,许多店铺的外面经常会摆出一个展架或是一个展柜,如果是展柜,上面的衣服则是重重叠叠地放着,有时候衣服都搅和在一起,要费很大的劲儿才能抽出来;如果是一个展架,上面的衣服也不会好到哪里去,通常都不会分门别类地放好,有几件就挂上几件,乱七八糟的,通常都需要人们从第一件摆弄到最后一件。这些衣服大多都是断码或是过季的衣服,虽然摆放地很乱,可经常会看到好多人过来挑选,在里面挑挑拣拣,这些衣服当中有的还真是货真价值、物美价廉的高档货,因此深受资金不足又喜欢高品质衣服的大学生的喜爱。当年在这些展架或是展柜前,还真是如淘宝一般,淘到了不少自己心爱的衣服。

可是,如果是摆放整齐的话,不是更易于人们挑选衣服吗?这些衣服如果摆放整齐的话,会不会卖的更好一些,甚至可以提高一些价格呢?其实,商家打得就是一个"乱"的旗号,这也是他们销售的战略之一,商品越乱,反而能聚集更多的人,让商品卖得更快。

细心的你肯定会发现,即便是专卖店也时常会推出这样"乱"的展柜来,鞋子、衣服全都堆放在一起,让顾客自己在里面挑挑拣拣,可能半天的功夫这些衣服和鞋子就售罄了。据说天津还有这样一条商品街,卖的都是一些外贸的鞋子、衣服、包包等,这条街所有的店铺都有一个特点,那就是乱。摆在外面的小摊杂乱不堪,有店铺的也不会整齐到哪里去,你想要买衣服,就需要一件一件的"刨",一件一件的"找"。虽然乱,可这条商品街从早上十点开始到下午五点结束都是人来人往,即便不是周末,也会有大批人来到这里"淘宝"。

究竟是为什么，让乱的商品聚集了这么多的人呢？

从心理学的角度分析，大概有这样几点原因。

一、顾客的"淘宝"心态。大部分女性都会有这样的心态。这和女性喜欢逛淘宝网的心态差不多。大家为什么喜欢逛淘宝网？因为网上的商品琳琅满目、鱼龙混杂，输入一个商品名称可能就有一百页以上的商品出现。女性们都有这样的心理，那就是用最少的钱买最好的东西，如果哪个女人在自己的朋友圈里说自己用几十块淘到了一件超漂亮的蕾丝裙，那必定会有不少朋友点赞的。乱的摊位也是如此，很多女性看到这样乱的摊位都在想，这里或许会有很漂亮的衣服压在最底下，不如找一找，没准真能用较少的钱买到心仪的衣服呢，正是抱着这种心理，所以，不断有人走到了乱的摊位前。

二、求廉心理。凡是有些购物经验的女性都知道，但凡是装潢高档、衣服摆放整齐的服装店，都是价值不菲的，不是一般人能够消费得起的，而反言之，那些只靠一个展柜就可以搞定的摊位，再加上杂乱不堪的商品，这些都是一些断码的商品，或是快要换季的一些库存货，它们是价格十分低廉的。在人们的求廉心理下，必定会奔向这些摊位。曾经有一个饭店的故事，就是说老板总觉得生意不好，便请人过来给分析一下，人家便说装潢太高档了，一些人感觉自己消费不起，肯定是不会进去的，可你的菜价又不高，有钱人进来又觉得跌面子，自然也就不来光顾了。于是，老板把店面弄得简单一些、大众一些，生意立马就好了起来。

三、从众心理。不仅是女性有这种心理，中国人的一个共性就是喜欢从众，什么是从众呢？说得通俗一点儿，就是喜欢随大流，别人干什么，自己就要干什么。当有一两个人在杂乱的摊位前挑挑拣拣时，有人看到之后立马就会想，她们在找什么？这里面肯定有价钱实惠又漂亮的好衣服，自己也去凑凑热闹，慢慢地，杂乱的摊位前也就聚集了许多的人。这就好像是当年的淘金热，起初只有一个人觉得这个地方有金矿，慢慢地许多人都觉得这里有金矿，于是很多人都抱着这种凑热闹的心理，一起去挖金矿了。

所以，现在很多商家正是利用女性的心理特点，故意把摊位弄得很乱，给人造成价钱低廉的错觉，当很多人聚集过去，真正找到自己想要的商品时，老板的报价并不低，可自己挑挑拣拣这么久，要是不买可就白费功夫了，所以，大部分人碍于面子，也不愿意浪费时间，于是就把东西买下来了。不过，有些商品真的是因为商品已经断码不好卖了，或是过季了需要清仓上新货了，如果确实是因为这些原因，那乱的摊位的确值得淘一淘。要提醒广大女性朋友的是，在购物时一定要擦亮双眼，分清哪些是真的，哪些是假的。

为什么商品的价格提高反而卖得更好？

北方有个小伙子从南方的服装批发市场购进了一批十分便宜的衣服，租了一家店面便开始出售，衣服的售价大多在30-50块，这个价钱已经十分便宜了，他本以为自己会大发一笔，可没想到就开业的时候有那么几个人来光顾，之后就没什么人再走进店铺了。他十分懊恼，请教了自己的一个朋友，朋友给他出了一个主意，让他把店铺重新装饰一下，装饰得漂亮一些、优雅一些，然后把所有的衣服都提高到200-300块，小伙子心想便宜的衣服都没有人要，价钱翻了好几倍，更不会有人要了，可禁不住朋友的劝说，他便抱着试一试的心态把店铺做了重新装修，搞出一副港范儿十足的样子，还给衣服贴上了提高好几倍的价钱标签。如此一来这家店的身价可就不一样了。

这个时候，奇迹真的发生了，同样的衣服，卖几十块的时候没人要，而价钱涨到几百块的时候，一下子便生意兴隆了。可是，回头想想看，这些衣服不还是那些卖不出的便宜货吗？价钱提高了，竟然会卖得这么好。于是我们都十分疑惑，为什么同样的东西，将价钱提高之后，反而会卖得更好了呢？

商品价格提高，反而卖得更好，包含两方面的内容，但是无一不是和人的心理有关系的。

首先，商品在提高价格之后，本应需求量是下降的，可是有一些商品在价格提高之后，需求量也得到了提高，这一类商品被称为吉芬商品。这是著名的经济学家罗伯特·吉芬做出的定义，他对爱尔兰的土豆进行了研究，发现当爱尔兰的土豆提高价钱之后，反而卖得更好了。经过分析他得出，土豆原本是十分廉价的蔬菜，是人们在不富裕时才会选择的蔬菜，当土豆的价格一成不变了，很少有人问津，而当土豆涨价时，人们潜意识觉得土豆的价格还会涨，于是早点儿下手，便抢先买下了涨价的土豆。很多人都是抱着这样的心态，认为这个东西涨价了，之后还会再涨，现在不买更待何时呢？这才会买下提高价钱之后的商品。说白了，这还是人的求廉心理在作祟，生怕自己之后花多了钱。

很多商家抓住这个特点，人为地制造了一些"吉芬商品"，绿豆的涨价，食盐的涨价，大米的涨价等。很多都是商家人为制造出来的，为了制造出还要涨价的假象，让消费者们纷纷囤货，买了大量的商品堆积在家里。作为消费者，一定要谨防商家的这些阴谋，这是他们的营销策略之一，很多商品在滞销一段时间，或者销售量一直上不去的时候，商家便会提高一些价钱，让消费者提起注意，从而提高销售量。

其次，人们认为价钱代表价值。为什么小伙子把衣服卖到几十块的时候没人买，而当价钱提高到几百块，反而生意好了呢？几十块的衣服在女人们的定义中那就是地摊货，而只有在店铺中卖到几百块、几千块的衣服，那才叫高档货。俗话说一分钱一分货，价钱高的衣服自然是品质好得多。再加上女人们扎堆在一起，总是会攀比，我这个衣服几百块，那个衣服一千多块，女人们就喜欢比来比去以彰显自己的价值和品位。现在的生活条件越来越好，即便是这个衣服真的和地摊货衣服一模一样，价钱摆在那里，也不会有人质疑这个衣服的品质和档次。同样一件衣服，放在地摊上几十块，放在高档的商场里就上百块，这件衣服的价值并不取决于衣服的本身，而是取决于它所在的位置和它的价格。在女性的定义中就是如此，它们自然想要价值高的衣服，以便让自己有面子。

商家自然不会放过女性的这些特殊心理。如果是一个爱逛街的女人必定能够觉察到，大商场里卖得许多衣服和那些小摊贩、小店中卖得衣服完全是一模一样的，可是价钱却差了好几倍，但仍旧有人放弃小摊贩、小店，而选择商场里所谓的"高档货"。即便是自己从心理上认为小摊贩的衣服和自己从商场买的衣服一模一样，自己嘴上也不会承认的，必定会为高价商品找一个合适的理由，或许是品牌的原因，也或许是制作工艺上的问题吧。

价钱真的代表价值吗？这可是不一定的事情。如果是一个百万富翁送给自己心爱女人的礼物，就算是花了几十万，它的价值也不过是讨心爱女人一笑。而一个穷小子花光自己一个月的薪水，为自己心爱的女人买了一件裙子，价钱虽然不高，可价值却是无限的。

　　女人真应该好好警醒自己，买一件衣服或是一双鞋子，究竟是为了自己舒服好看，还是为了价钱贵，令人高看一眼呢？当你自认为买了一件价钱昂贵的商品，会为自己脸上贴金时，殊不知有些人正在嘲笑你的愚蠢，花多了好几倍的价钱，却只是买了一件小摊贩上的商品罢了。所以，当我们购物时，不要过多在意商品的价钱，而应该多在意一下商品的价值。这件衣服，做工精细，自己又喜欢，即便它是小摊货，也值得你拥有，而如果一件衣服，做工一般，自己又不是特别喜爱，即便是大商场里的"高档货"，也不值得你购买。

为什么广告恶俗，销售依然火爆？

走在步行街上经常会遇到发传单的，那天接到一张广告传单，立马被上面的内容逗笑了，这是一家新开的拉面馆宣传单。一般来说，面馆的宣传单都会印一些大的碗，里面装着各式各样美味的面，而这家店的宣传单上，你猜印的是什么？一个硕大的碗里，有一坨大便，宣传语是：吃的是面，拉的是便。店的名字是便面馆。除了一个地址和电话外，再也没有其他内容。这样一张宣传单，真是够简单和恶心的。

吃的东西和大便扯上关系，多少会令人感到恶心，吃饭的时候提到大便，也是中国人十分忌讳的。可是，在步行街上遇到这家面馆的时候，却发现这家面馆十分火爆，需要排队等候才能吃上一碗他们家的面。好奇之下，我也进去试了试，这才了解到他们这广告还真是打得很不错，首先讲的是方便的"便"，这家店十分快捷，即便是人很多的时候，等上十分钟，你的面也就做好了。再有就是做面的材料，都是精挑细选的优质杂粮，搭配的蔬菜也很新鲜，汤料也是十分讲究，吃上这样一碗面，不仅不会便秘，还会疏通肠道，第二天的排泄会十分顺畅。如此一来，可以看出他们的广告语和广告设计确实做得很不错，很贴切实际。

很多人都是看到了他们家的宣传广告才来光顾的。这样的恶俗广告竟然能产生这么大的魅力，让人不禁愕然。其实，在我们的生活中，恶俗广告带来的产品销售火爆现象比比皆是，最成功的莫过于脑白金的广告了，可是，外界再怎么评价脑白金的广告恶俗，脑白金依旧销售领先。还有斯达舒胶囊，"斯达舒"和"四大叔"的交替出现，哪怕是街上的小朋友都能喊出"胃痛、胃酸、胃胀，交给斯达舒胶囊"。

那么，什么是恶俗广告呢？恶俗广告一般来说都紧扣住"恶"和"俗"两个字，别的广告总是想要表现人世间的真善美，恶俗广告却偏偏要把"丑"和"恶"的一面表现出来，且用十分通俗的语言和表现方式来表达，通常只有一两句台词，却能让人记忆深刻。再者就是恶俗广告的播出率十分高，观众越是不想看见这些广告的时候，这些广告偏偏就要反复出现，令人十分厌烦。

究竟是什么原因让恶俗广告大获成功呢？

首先，这是一种用红花衬托绿叶的艺术。电视机里播出的广告多的数不胜数，大家都在想尽办法让自己的广告更美观更充满艺术感，如果是一个有艺术气息、有审美感的广告出现，观众会记得住吗？答案是不会，这就好像是把一个美女放在了许多美女中间，根本不会给人留下深刻的印象。可是，如果这个时候出现一个恶俗的广告，就会令人眼前一亮，甚至让人能够一眼就记住。把一个丑女放在一堆美女中间，自然就能让人一眼就看出来了。商家如此打广告，正是利用了红花衬托绿叶的艺术，让所有具有艺术气息的广告来衬托自己的恶俗广告，从而给观众留下深刻印象。就像一些很恶俗的歌曲那样，无论是曲调还是歌词都令人十分厌烦，可是过不了多久，人人都会唱了，不少歌手都是通过这些歌曲红遍大江南北的。

其次，用通俗的广告语。很多广告追求美观，追求艺术，广告语太多，让人无法记住，有些则是十分拗口，令人很难理解，更别提记住了。而恶俗广告的广告语通常只有一两句话，且都选用了通俗易懂的语言，就像是一句顺口溜一样，让人读来朗朗上口，甚至听一遍就记住了。在文学中有阳春白雪和下里巴人之分，大部分人还是更喜欢下里巴人的艺术，因为阳光白雪太高雅，太难理解，还是下里巴人的艺术更贴近自己的生活，更通俗一些。

再者，就是因为坏的事物更容易令人记忆。美国有一位名叫普利布拉姆的心理学家，他通过研究发现坏的记忆更容易让人产生购买的意愿。这是因为对于人来说，遗忘功能要比记忆功能更重要。恶俗广告的不断重复就会让人的心理产生不适。对于好的东西，人们很有可能很快就忘记了，可对于这些心理不适，人们可就很难忘记了。这就是为什么我们对于过去不开心的事情记得那么清楚，而开心的事情却很少能够记得。

不得不说，现在恶俗广告、恶俗歌曲越来越流行。其实，只要是观众喜欢，只要是能带动销售，这就足够了，何必那么较真呢？

为什么商家不多设收银台解决排队难题？

前些天和自己的一个女闺蜜去逛超市，女人逛超市总是一边聊一边逛，逛着逛着就快到中午了，我们便推着手推车准备结账，正讨论着中午去哪儿吃饭，发现收银台的队伍已经排到了货架的地方了。今天是周末，逛超市的人原本就很多，正巧现在又快到了吃饭的时间，大家都想着买完东西去吃饭，所以这个时间结账的人特别多。

我和闺蜜还好，觉得两个人还可以聊聊天，不至于等得不耐烦，可是人实在是太多了，闺蜜便说过了这个高峰期，人估计就少了，再到超市里面转转吧，一会儿再回来。于是，我们又折回超市里，这样又溜达了一圈才回来结账。结账的时候发现超市里明明还有一些收银台是空着的，在高峰期竟然也不开放，闺蜜生气地说：明明就需要更多的收银台，超市偏偏不开，太气人了。

不仅仅是超市，还有一些大型商场都有这个问题，收银台的数量根本无法满足结账的顾客数量，他们却从不会多开设一些收银台来解决排队的难题。大多数人可能觉得是因为超市或者商场太抠门了，多设置收银台，那就会多增加收银人员，多增加收银人员，那可就要多增加一份工资支出啊。其实，这只是一方面的原因，之所以不多设收银台，还有其他更重要的原因。

首先商家这是利用了消费者不愿意等待的心理。谁愿意在超市的收银台处排队等待呢？即便是每天无所事事的大妈们也会等得不耐烦的。于是，就会产生我和闺蜜那样的现象，因为不愿意等待，便又回到超市里转一转。很多人都知道在超市里购物，并不是这个东西需要才会购买，很多东西明明不急着用，都被装进了购物车里，这些东西包括一些打折促销的实惠装，一些刚上市的新产品，一些没见过的新奇产品，只要看见了，拿起来，就有可能被装进购物车。

就拿我和闺蜜来说，就因为闺蜜不愿意等待结账，我们再次回到超市的那段时间里，她就又将一瓶新上市的面膜、两包正在促销的卫生巾、一袋刚出炉的全麦面包等商品装进了购物车里，算下价钱，差不多四十块。倘若每天两百个顾客中有三十个顾客不愿意等待而折回超市，又分别多购买了三、四十块的商品，那这些顾客又会多给超市带来将近一千块的收入了。所以，超市、商场的商家都明白，销售量和顾客在超市停留的时间成正比，时间越长，销售量越高，所以，他们自然会想尽一切办法将顾客留在超市里。很多新产品的上市，都配有促销员，很多顾客正是急匆匆地走，并不会听他们的讲解，可有了时间，他们就愿意听讲解，只要听，那就有可能买了。

我们大家都注意到了，在收银台的地方也排列着许多商品，比如说口香糖、巧克力、纸巾、避孕套等，有的超市还会在收银台的地方摆放小型冰柜，里面放一些可乐、雪碧、冰红茶等饮料。很多人都觉得这是超市为了方便顾客，特别设立的，但还有一方面的原因，就是消费者在等待排队的过程中，无所事事，必定会东看西看，很有可能拿瓶水，或是装几块巧克力在购物车里。倘若结账无障碍，谁还会看收银台的地方摆放着哪些商品呢？

另外的原因也就是大家想到的，节省开支。的确，想要增加收益，就要开源节流，让顾客多买是开源，减少工资支出就是节流。各大超市和商场中，并不是时时刻刻都需要排队等候的，可能每天只有一两个时间段是需要排队的，如果超市多设置收银台，那大部分时间这些收银台就是空着的，收银员没活干，还要给他们发工资，超市和商场可不会做这样的赔本买卖。

虽然商家很聪明，充分利用消费者不愿意等待的心理，增加营业额。但是，现在的商家似乎有些过了头，消费者排队等候的时间越来越长，让消费者怨声四起，许多超市和商场都接到过消费者的投诉。消费者也开始对商家进行选择，哪家超市不需要排队，或是哪家商场需要排队的时间更短，他们就会选择哪家。

作为消费者，尤其是女性，逛超市和逛商场是不可避免的事情。你可以仔细盘点一下，自己在超市或者商场因为不愿意等候结账，又折回超市或者商场购物，多花的钱有多少，所以，尽可能避开消费高峰期，避免排队，让自己的钱包少一分支出吧。

为什么意外之财会使人产生不可思议的行为？

相信每个人都曾有过购买彩票的经历，每当看到新闻上说谁谁谁花了两块钱买了一张彩票，竟然中了五百万大奖。于是，你也会跃跃欲试，想要试试运气，看看自己是不是也可以中上几百万。我们为什么会不停地买彩票呢？很多人为了买彩票甚至到了倾家荡产的地步，却依然无法停止购买彩票的行为，心理学家认为这是一种侥幸心理。

尽管大家都知道中彩票的概率很低，但还是依然抱着侥幸心理去购买彩票，因为很多人都觉得自己的运气要比别人好，因此自己肯定能中奖，这种行为又被称为"迷恋小概率事件"。很多人对比较大的数字抑或是比较小的数字是没有什么概念的，比如说一千万和一亿给人的感觉都很敏感，但敏感程度相差不大，而0.0001%和0.00000001%给人的感觉也是差不多的，所以，即便是当他们知道中奖率只有0.000000001%，他们也还是会买彩票。尤其是新闻报纸还不断报道一些人花了两块钱中了五百万的新闻，这其实是在无形中给人暗示，那就是只要买就有可能中奖。于是，一批又一批的人开始迷恋购买彩票。

人们热衷于买彩票，也有人确实因为买彩票中了大奖的。无论是电视新闻还是报纸杂志，都经常报道一些中彩票的新闻，很多人中彩票之后会产生一系列的不可思议的行为，有的人会将这部分钱捐给希望工程，有的人会拿出很大一部分钱来给自己的亲属，还有的人甚至会花费很大一笔钱外出旅行，甚至有人会干脆发疯。

试想，如果这些中彩票得来的钱，是自己辛辛苦苦做生意或是打工得来的，还会捐给希望工程吗？还会拿出一大部分来赠送亲友吗？还会花费一大笔钱外出旅游吗？还会发疯吗？得到的答案是否定的，如果是自己辛苦工作而来的钱，任谁都不会发生以上这些状况。

意外之财不光是买彩票得来的,还有可能来自一场官司的胜诉,得到了一大笔的赔偿金,还有可能来自一笔遗产,或者是你被辞退得到的一笔赔偿。这些意外之财的到来,都有可能让你产生不可思议的行为。心理学家认为这是一种补偿心理,也就是人们在内疚的情况下产生的"补偿心理"。人在这种补偿心理的作用下,产生任何举动都是正常的。

为了避免自己在得到意外之财之后,做出什么过激的行为,下面给大家几点建议。

首先,不要急着做决定。当你听到自己获得了这样一笔意外之财之后,不要急着做出处理这笔意外之财的决定。因为在刚开始得知这个消息的时候,人会因为兴奋和意外,内心处于非正常的状态,心跳加速,心理失衡,这个时候容易冲动做出让自己后悔的决定。所以,当你知道这个消息的时候,首先不要慌张,先把这笔钱存在银行里,等过几个星期,自己的心绪平静了,再来想如何处理这笔钱。很多人在兴奋之余,许诺给自己的亲友,给你一百万,给他一百万的,可最终没有兑现,搞得关系十分紧张。为了一张彩票让自己尽失人心,就得不偿失了。

其次,将这笔钱仔细清点一下,得到一个确切的数字。想要处理这笔钱,你首先要得知这笔钱到底有多少,中了500万,但还要缴纳各种税费。所以,首先搞清楚自己拿到手里的钱到底有多少,然后再进行这笔钱的规划。很多人还不知道自己的钱有多少,就已经开始消费了,结果到手的钱并没有那么多,而自己的钱已经花出去了一大半,可就傻眼了。报纸上就曾经说有一个人中了彩票,钱还没拿到,就开始处理自己家里的家当,家具家电全都送了人,可结果缴税之后,剩下的钱并没有很多,这让中彩票的人十分郁闷,送出去的东西总不能再要回来吧?

最后给大家的建议是,处理大额的钱财,还是以低风险为主,比如说可以还房贷、车贷等,最好有一部分钱存起来作为自己的"家底",以备不时之需,也可以做一些基金投资之类的。另外,你还需要做一些善事,不是任何人都有这样的运气获得如此大的意外之财,正因为如此,你才更应该感谢自己的运气,做一些好事来回报社会。

除了中彩票可以获得意外之财之外,还有一些意外之财也能产生意想不到的后果,商场购物意外中大奖,突如其来的一笔大额遗产,打官司获得的巨额赔偿等等,这些意外之财的到来，给人们带来的不仅仅是惊喜，恐怕还有一些"惊恐"吧。所以，无论是什么意外之财，都应当保持理智，正确处理大额财产，以免因为处理不当，从而乐极生悲。现实生活中，就有不少这样的例子，因为一笔钱的到来，而让整个家庭鸡犬不宁的例子比比皆是，如果这样的话，这笔钱还不如没有，最起码一家人其乐融融，也能过上安生的日子。

意外之财对于某些人来说是好事，但对于某些人来说确实是"天降横祸"。不少人都因为意外之财的到来而心理失衡，最终导致精神崩溃住进了精神病院。意外之财究竟是好事还是坏事，其实根本在于你是不是能正确对待这笔大额数字，切不可因为一时兴奋，而将好事变成了坏事。

为什么试衣镜都是斜着放的?

"昨天在商场买的牛仔裤,当时试穿的时候看上去特别显瘦,可今天早上一穿,显着大腿特别粗,根本没法出门。"

"上星期在专卖店里买的裙子,试穿的时候,觉得自己特别显苗条,还显得自己的腿特别长,可回到家再一穿,怎么看都不好看。"

很多女性在商场购物时经常会遇到这样的状况,明明在商场试穿时,衣服非常合身,可以明显遮挡住自己的缺点,将自己的优点放大,可把衣服买回家之后,却怎么看都不顺眼。同事小李就遇到了这样的状况,自己在商场看中了一条休闲裤,当时在商场试穿时怎么看都好看,加上店员的一番忽悠,马上就花了300多买下了这条休闲裤,可第二天她穿到公司里,同事们都纷纷表示这条休闲裤不但不修身,还显得下半身十分臃肿,小李就纳闷了,当时难道店员给自己下了迷魂药?这究竟是怎么回事呢?其实答案就在服装店的试衣镜上,家里的镜子不会撒谎,可并不代表服装店里的镜子不会撒谎。

一般的服装店里,试衣镜都有这样一些特点:

一、试衣镜都偏细偏长。这就好像女性穿竖条纹的衣服显瘦、穿横条纹的衣服显胖一样,又细又长的镜子,能够让人感觉自己是被纵向拉长了一样,又瘦又高。而又瘦又高恰恰是女性们追求的,所以在服装店的时候也就不计较价钱,直接拿下了。

二、试衣镜和地面呈一定的角度。试衣镜倾斜着放,向后倾斜,就会表现出身体拉长的效果。脚和镜子离的很近,而头和镜子离的最远,这就会让人显得十分高挑。在摄影中,摄影师在为女性拍摄写真时,由下向上拍,也会把人拍的修长和苗条,这个和倾斜的试衣镜是一个道理。

三、试衣镜的上方有灯。许多服装店都会在试衣镜上方放置灯，顾客通常会以为店家真是太贴心了，能够让自己看清镜子，实际上这是店家利用光的折射原理，使镜子在撒谎。上方的灯垂直照射下来，会将人的轮廓勾勒清楚，脸部、手臂和大腿处的肉都会形成暗影，让人感觉自己似乎真的变瘦了，在这样的视觉冲击下，女性自然也就无法抑制自己购买的冲动了。

有人对服装店的试衣镜做过调查，发现这些店家的试衣镜无一不符合这些特点。它们都是长方形，甚至有一些为了夸大效果，选取了锥形的细长形，长宽比例在4∶1-7∶1之间，所有的试衣镜都是斜放在店里的角落里的。

正是这些试衣镜的谎言，让广大女性高高兴兴把衣服买回家，而后又失望地大呼上当。那么，店家为什么要这么做呢？究其根本，还是女性的心理在作祟。

爱美之心，人皆有之。当下就连男性也开始注重自己的外在了，更何况天性爱美的女性？女性的外貌从生下来已经基本成型，不会有太大的改变，想要让自己变得更出众、更漂亮，那就只能从衣服和化妆品上着手，化妆品只能让自己的脸漂亮，却不能让自己的身材有改变，于是，选择什么样的衣服，成为女性们十分关注的问题。

人人都希望有一个模特身材，可是，一百个女生里可能只有一个人才会拥有模特般的身材，怎么办？当然是利用穿衣服的视觉效果来展示。谁不想让自己看上去纤瘦、苗条呢？尽管杨贵妃当年十分受宠，但想必也不希望自己穿上一件十分流行的衣服后，显得臃肿和丰硕。哪件衣服能够遮盖自己的"蝴蝶袖"，哪件衣服能够掩饰自己的"大象腿"，哪件衣服能够收缩自己的"水桶腰"，女性们当然就要选择哪件衣服了。

或许当你知道真相之后，会责怪无良的商家，可你回头想想看，如果你不过分追求自己身材的视觉效果，商家干吗还要费尽心思和你打这场"视觉战"呢？

总之一句话，试衣镜的斜放是为了造成美的视觉效果，吸引顾客购买商品。商家会利用一切它能利用的女性心理，来促使女性购买商品。所以，当你去商场购物的时候，还是带上自己的一两个好友吧，不要依赖试衣镜，好朋友不会撒谎，可试衣镜就不一定了。

为什么商业负面消息传播的更快更广？

生活中，我们经常可以从新闻上看到一些商业消息，某某品牌的食品有安全问题，某某品牌的商品发生爆炸事件，某某品牌的产品有假冒伪劣现象等等。却很少会出现某某品牌食品真正做到的纯天然无公害，某某品牌的商品是货真价实的，某某品牌的产品真是太好了。这是为什么呢？从这些消息中，我们不难看出，出现的消息都是一些负面的消息，为什么这些负面消息这么多？

许多产品都是因为一个负面消息的传播，从此一蹶不振的。当年三鹿奶粉三聚氰胺事件，一时间闹得沸沸扬扬，让人们全部抵制三鹿奶粉，导致现在的三鹿奶粉已经销声匿迹了；之后出现的给牛羊猪肉注水事件，很快便传遍了大街小巷，人们纷纷选择食素，最起码要等到注水事件过去之后，才重新开荤；前段时间出现的白羽鸡注射药物事件，让很多人都告别了肯德基、麦当劳以及一切快餐中含有鸡肉的食物。这些都证明了人们存在一种偏好负面消息的心理。

为什么人们会对负面消息如此偏爱呢？从心理学的角度来说，负面消息的出现虽然对自己是没有好处的，但是当人们看到这些负面消息，觉得这些负面消息对别人不利，从而知道自己要比别人好得多，心理上立即得到了一些安慰，这首先是一种嫉妒心理在作祟，让人们似乎患上了一种"坏消息综合征"。

美国的一位心理学家经过探究得出了这样的结论：坏事的影响远远大于好事。负面消息总是比正面消息传播的快、传播的广、受关注高就是这个原因。通过研究，科学家们甚至发现大脑对于坏刺激的反应要比得到好消息刺激的反应强烈得多，而且留下的印象也会深得多。于是，我们才会对负面消息产生更多的注意力，才会把更多的经历花费在负面消息的传播上。这就是为什么一个人可能做一件好事，我们会提出表扬，但过不久就会忘记，而一个人如果做了一件坏事，他就终身带着这个坏事的名号，恐怕一辈子也很难为自己洗净污点了。

抓住人的这些心理，商业上便开始了一系列的负面消息炒作，为了让自己的商品走近大众，让消费者熟知，商家甚至不惜做出一些负面新闻来。比如某商场开业前，先制造一起打架事件，让商场的名字印在消费者的心理，随后开业，人来人往混个脸熟，商场的销售额必定空前增长；某新产品上市，先出现一起因沟通不利，明星代言错乱的事件，这也让商品还未上市，名字已经深深刻在了人们的心里；某商品一直滞销，商家特意安排一次人群哄抢该商品事件，这必定也会在一定程度上拉动该商品的销售。还有，在市场上，为了能够比别人获得更多销售额，常常会不正当竞争，为别的商家制造负面新闻，肆意抹黑，从而导致与自己竞争的商家销售额下降的目的。于是，我们经常可以看到某某商家将某某商家告上法庭，某某电商为了证明自己的清白，将某某电商的恶意抹黑贴出公告等等。

现在这个年代，为了销售，商家已经达到了无所不用其极的地步，作为消费者，我们应当仔细甄别，别上了商家的当。

首先，自己知道就好，不做一个负面消息传播者。在人们的好奇心驱使下，人们会打探一切负面消息的详细过程，当知道这些过程之后，便开始了传播消息的过程。传播过程中，加上自己的猜测和臆想，以及一些夸张的语言，就让这些负面消息传播的越来越坏了。可是，真正的事实是这样的吗？也不见得。许多负面消息远远没有我们想得那么严重，只是在一传十、十传百的过程中，人们添加了太多太多自己的想法，才致使这些负面消息到达了一个令人恐慌的地步。所以，一些负面消息，自己知道就好了，没必要传播出去。

其次，对于负面消息，不全信，也不要完全不信。负面消息是商家为了达到销售的目的所制作出来的，有的是为了捧红自己的商品，有的是为了给其他商品抹黑。所以，当负面消息出现的时候，我们不应该完全相信，但是也不能完全不信，要学会仔细甄别，不能听之任之，没有自己的主见。

最后，多多吸收正能量。这个社会上负面消息实在是太多了，负面消息实际上是在制造负能量，让人们渐渐觉得生活中不存在好的一面。其实，无论在哪儿，好的一面还是有的,而且绝对比坏的一面多。我们应该学会消化负能量,多多吸收正能量,才能保证自己在一个和谐的社会中生活。

让我们的生活中多一些正面消息吧,别总让负面消息迷乱了自己的双眼,让正面消息带给我们正能量吧!

为什么套装礼物卖得好？

前段时间陪好友去逛街，她想要为自己的妹妹买一瓶晚霜作为生日礼物。路过一家护肤品店，店里有各种各样的护肤品，好友原本只想花一百块左右的价钱买一瓶晚霜，在选择一番之后，导购员小姐直接推荐说，与其花一百块买一瓶晚霜，不如买一个套装，价钱合适，性价比高。好友看了看那些套装，只需在一百块的基础上加上五六十块钱，就可以买一瓶晚霜、一个夜间面膜和一瓶爽肤水。好友想到上次妹妹过生日，自己好像也送过类似的护肤品，而上次逛街的时候，妹妹好像说过自己并不怎么喜欢晚霜。加上对妹妹的猜测，害怕妹妹不喜欢，又加上价钱上的诱惑，好友二话不说，直接掏钱便购买下来。

仔细观察一下，市场上出现了很多套装，各种水果拼凑在一起构成了果篮，各种护肤品搭配在一起构成了护肤套装，各种化妆品搭配在一起构成了化妆礼品套装，等等。而市场上的买家，在购买礼物时，如果有套装，基本上就不会购买单独的礼物了。

为什么套装礼物卖得这么好呢？

以送果篮为例子。我们在慰问病人，或者看望老人时，很少有人选择单一的水果，大部分都会选择水果篮。大家认为，果篮中的水果种类丰富，看上去十分好看，而且也好吃，可是，当我们为自己买水果的时候，几乎没有人会为自己买又好看又好吃的水果篮。

心理学家认为，这是因为人在为别人买礼物时，会比为自己买礼物时倾向于多样性。在大家的潜意识里，倘若反复赠送同样的礼物，别人必定会出现"厌倦心理"。很多人觉得如果是自己反复收到同一样礼物的时候，可能并不会厌倦，但是，如果自己送人同样的礼物，别人则会厌倦。

我们将未来的一段时间称为"未来时间",在"未来时间"中,我们会对这段时间将要发生的事情作出预测,当我们为自己预测的时候,将会排除掉很多的因素,选择性会变得越来越窄。而为别人预测的时候,往往无法排除这些因素,选择性就会变得很广。就好像买水果的时候,如果是为自己挑选水果,必定知道自己现在想吃什么,喜欢吃什么,将自己不喜欢、不想吃的水果排除掉,也就得到了自己应该买的水果。而为别人挑选水果时,不知道别人的身体状况,也就无法预测别人现在适合吃什么水果,更不知道别人的口味,无法预测别人喜欢吃什么水果,于是,可以选择的水果大大增多。这也就是为什么,大家会选择果篮的原因,反正这么多的水果总有一个会是适合的吧。很多时候,我们都会陷入挑选什么礼物的怪圈,在多样性的诱惑下,自然而然也就选择了所谓的"套装"。购买套装,不仅省去自己猜测和思索的麻烦,对于要接受礼物的人来说,也有比较大的选择空间,这么多种,总有一种是适合的。

可是,这就好比是撒大网捞大鱼,人们认为把网撒得大一点儿,不管大鱼小鱼,总是会有鱼钻进网里来的。可是,网里捞上来的可不一定是鱼,有可能是水草,还有可能是一些垃圾。当你自认为买了很多种,终究有一种是被接受礼物者喜欢的东西时,往往这些礼物对于被接受礼物者来说,即不喜欢也不能用。

收到过果篮的人肯定知道果篮看上去好看,可是里面的水果经常是以次充好,一般的果篮都将好的水果放在外面,而把一些已经不新鲜的水果藏在了里面,因为已经包装好,也就没办法检查里面的水果是不是新鲜的。所以,当你想要慰问病人或者老人时,最好不要图方便美观而选择果篮。

而一些护肤品套装中,有许多根本是你现在不需要的,比如一些快要过期,或者因质量问题,严重滞销的产品也会被加入到这些套装中来。很多女性在价钱和外观的诱惑下,将这些所谓物美价廉的礼品套装买回家,结果就是这些东西堆放在自己的梳妆台上始终没碰过。

所以,在挑选礼物时,还是多花些脑筋来想想吧!那些所谓的实惠装真的是实惠的吗?那些所谓的超值大礼包真的是货真价实的吗?那些所谓的套装礼盒真的是你需要的吗?不要被商家设下的陷阱所蒙蔽。你应该有自己的主张,不要盲目购买套装、礼包等,选择自己需要的,要知道贪小便宜吃大亏。

Chapter 2

管好你的小钱包：
走进女人消费"心"时代

吃不穷，穿不穷，不会算计一世穷。如今女人已经成为了消费的主力军，许多商家开始在女人身上寻找商机。这是为什么呢？还不是由于女人的消费心理造成的。现代社会中的女人，十分讲究消费，在消费上可是一点儿都不含糊的，手拿一张信用卡，连刷几次，就变成了"月光女神"。如果不想成为"月光女神"，那就好好管理自己的"小钱包"吧。

不会盘算一世穷："负婆"是如何炼成的？

生活中不乏一些富婆，她们要么是自食其力，闯出了自己的天地，要么是嫁了一个有钱的老公，过着养尊处优的生活。但是，生活中也不乏一些"负婆"，她们当中有的月薪不低，却月月花光，甚至还会透支信用卡，让当月收入为负数。

美丽就是这样一个"小负婆"，她是一家时尚杂志的编辑，因为入行的时间较长，每个月的月薪有七八千块，对于她这样一个单身贵族来说，七八千块的收入足以让她过得很好。可是，工作了这么多年，美丽却一分钱的存款也没有，好友们不禁诧异，她不用交房租，也不用还贷款，工作好几年竟然一分钱都攒不下？

可是，事实确实如此。美丽也很纳闷，自己真不觉得平时花钱花的多，可到月底工资卡就空了。其实，看看美丽的生活就知道她的钱都到哪儿去了。美丽从不会为自己的工资做打算，发了工资大吃一顿是必须的，她经常会在发了工资的第二天喊上自己的小姐妹出去大吃一顿，偶尔和姐妹聚餐她也必然是抢着买单的；再看逛街的时候，只要是看见喜欢的化妆品、衣服、零食，她都会毫不犹豫地买下来，有时候甚至都不看价钱；再看美丽出去旅游，订酒店、吃饭、逛景点，她从来都不会做出计划，别人旅游可能花三四千块，还带回一大堆的纪念品，她去旅游花上七八千块，也没见买到什么东西。

很多女人和美丽有着同样的烦恼，自己挣的钱，不知不觉就花光了。路过超市，进去转一圈就买回家一堆零食；去商场，看见漂亮衣服就走不动了，即便是自己的衣柜已经快要爆炸了也还是会买回家；和小姐妹出去，不管花多少钱，总是抢着买单；下班回家有些累了，懒得做饭，钻进一个饭馆就一通乱点，一天的工资就搭在这顿饭上了；周末歇班懒得动，那就叫外卖吧，结果这一天不挣钱还花了不少。钱就是这样不知不觉花光了。

不会盘算一世穷，美丽的钱就花在"不会盘算"上了。有的人每月挣五千，生活过得很滋润，每月还能剩下一两千块，有的人每月挣一万，生活过得很好，可月底却剩不下什么钱，同样的生活品质，为什么有的人可以每月攒下一两千，有的人却只能存款负数呢？其区别就在于两个字：盘算。

无论你现在是单身状态，还是恋爱状态，抑或是已经结婚的状态，对于钱，一定要会盘算。每个月花费在吃、穿上的钱大概有多少，每个月花费在人际交往上的钱大概有多少，每个月花费在学习上的钱大概有多少，每个月花费在旅游上的钱大概有多少，每个月应该把多少钱存在银行里，每个月应该把多少钱留存出来以备不时之需，这些我们都需要做到心中有数。心中没数，你就只能成为"负婆"。

那么，究竟如何将自己的工资盘算一下呢？

首先是将自己的钱分类。根据自己的实际情况将自己的工资分为几份，一部分做为自己的固定存款存起来，一部分做为自己每个月的生活费，一部分做为自己人际交往需要付出的费用，一部分做为自己需要学习所付出的费用，剩下的一部分做为不定项开支费用，或许这个月有同事结婚需要随份子钱，或许是这个月过生日需要请客的钱等等。将自己的工资分为这样几个部分，一旦快要超支了，就停止消费，才不会让自己成为"负婆"。当然了，每个人的消费习惯不同，你也可以不按照上述具体方法进行分类。但是分类方式是一定要做的，你可以根据自己的实际情况为自己的薪水进行分类。

其次是固定存款。想要让钱生钱，就要学会攒钱，这部分的钱要分为两部分，一部分固定存入银行中，一部分则可以选择投资。为什么要这么做呢？因为投资虽然收益大，但是风险也大，如果全部投资，有可能打了水漂。一部分存银行，一部分投资是最好的方式，既可以保证自己得到利息，又避免了风险大可能打水漂的危险。如果你实在不乐意进行投资，单纯把钱存入银行也是可以的。总之，你一定需要做的是进行固定存款。

再次是学会记账。记账是克制自己消费的最好办法，看着自己的账单越来越长，花的钱越来越多，是会让自己非常痛心的，这种痛心的感受，会在消费时有所节制。

而且，从账单里也可以看出自己花在哪里的钱最多，可让自己在下个月的时候，提起注意。很多人不喜欢记账，总觉得记账十分麻烦，可是想想看，每天麻烦一会儿，能给自己节省很大一部分开支，也是十分值得的。

最后要多做计划。想要外出旅行，当然可以，但是旅游之前对于钱一定要做好计划，否则就会像美丽那样，花的钱又多，又买不到多少纪念品。住酒店，提前在网上多看一看，多比一比，你自然可以找到物美价廉的酒店，吃饭也是如此，在著名的景点附近就餐基本是又贵又差劲的，所以一定要提前做好准备。虽说计划总是赶不上变化，可有计划总比没计划强，最起码可以让自己省下不少钱，多买一些纪念品回去呢！

人到了年纪之后，你就会发现有一定的存款是多么地重要了，不要由着自己的性子来，要学会为自己做足打算。只有这样，才能保证生活质量不下降。尤其是已经结婚的女人，更需要多为自己的生活做打算，否则还真是不会盘算一世穷啊！

信用卡可不是圣诞老人的礼物

信用卡刚刚开始流行的时候，真是掀起了一股热潮，许多银行都开始提供办理信用卡透支的服务，引来许多白领、大学生的关注和喜爱。可是，与此同时，关于信用卡的各种新闻也层出不穷。

报纸上就曾经报道过一个年轻的白领刷卡"刷爆"的新闻。这个白领刚工作只有一年有余，月薪三千出头，可是看着身边的人拿着高档皮包，用着高档化妆品，穿着高档服装时，她自己心里也痒痒的，于是便办理了几张信用卡，每张卡都可以透支，少的可以透支五六千，多的甚至可以透支上万元。这些信用卡的出现满足了她许多的欲望，她也购买了许多名牌商品，当她自认为自己可以过上高品质的生活时，却发现自己的工资根本无法偿还这些信用卡的欠款。

于是，她想到了一个"万全之策"，那就是用信用卡来养信用卡的方法，也就是我们俗称的信用卡套现。就这样，她办理了几十张信用卡，不到三年的时间里，她的欠款已经达到了百万元。最后，实属无奈，她不得不把这些告诉自己的父母，父母首先是惊愕，随后无奈之下，倾家荡产帮她还清了这些欠款。

很多人都觉得匪夷所思，信用卡的出现不是为了方便、快捷、以解一时之需的吗？可为什么竟然会让一个家庭倾家荡产呢？在大部分人的眼中，信用卡的出现根本就是圣诞老人带来的礼物，它拥有以下诸多好处。

一、解决自己用钱之急。我们常常会遇到一些一时资金周转不过来的情况，这个时候，信用卡简直就是自己的救命恩人，能够解决自己的"燃眉之急"，让自己暂时渡过难关。只要自己能够及时还款，就不会有什么问题的。

二、快捷、方便。买东西排队是麻烦，结账找零钱还是麻烦，尤其是在超市里，经常会遇到没有零钱找的情况，而刷卡则是一步到位，既快捷又方便。

三、安全、卫生。以前出门都带着钱包，里面装满了钱，可现在带着一张卡就足够了。钱丢了或者被盗了，都会是一笔不小的损失，而卡丢了或者被盗则就不一样了，只要一挂失，就什么事都没有了。现金的流通较大，细菌较多，而自己的信用卡可就卫生多了，最起码只有自己和收银员碰过。

四、优惠活动、积分多。很多银行提供信用卡服务都是和一些商家有合作关系的，你带着这张信用卡，就可以享受许多的优惠，比如看电影、吃西餐、给汽车加油等。另外，信用卡都有积分活动，一定的积分还可以换取礼品，时不时的还会有抽奖活动。

虽然看上去信用卡有这么多的好处，可是它的潜在危险也很大，例如新闻里的那个女孩那样，一下子竟然刷的自己倾家荡产。这究竟是怎么一回事呢？其中的原因大致可以分为两点。

首先，很多人会把信用卡的信用额度当作自己的消费实力。比如这张卡的信用额度是一万，而自己的工资每月是五千，很多人就会觉得自己每月可以消费一万五千块。实际上真的是这样吗？当然不是了，银行又不是白痴，赔本的买卖他们怎么会做呢？你透支的钱又不是白给你的，自然是需要你偿还的。当你错认为自己的信用额度就是自己的消费实力时，你会发现你在不知不觉中已经透支了自己的经济实力，其结果自然是可想而知。

其次，心理账户的运算规则。心理学家将人的账户分为两种，一种是经济账户，另一种是心理账户。经济账户自然就是每个人金钱的支出与收入情况。而心理账户可就不同了，它拥有独特的运算规则。因为心理账户的存在，会让人在刷卡时认为，自己付出去的钱要比现金付出的钱小得多。心理学家曾经做过实验，一半受试者采取现金支付，一半受试者采取信用卡刷卡支付，最后使用信用卡支付的受试者，其消费会远远大于用现金支付的受试者。人们在使用现金支付时会小心谨慎，而刷卡的顾及则会少得多。

很多人在使用现金支付时，会因为看到钱包里现金减少而感到痛苦，这样一来就削弱了购买的欲望。而使用信用卡付款，在很多人眼中只不过是签名罢了，没有直观看到现金的减少，也就不会产生痛苦，购买的欲望也就不会下降，因而消费起来，也就越来越肆无忌惮。

　　看到了吧，你的信用卡就是这样一点一点被透支的。当你发现自己已经变成卡奴的时候，你会发现自己深陷其中，每个月几乎都是财政赤字。赶快收手吧，别让自己掉进信用卡的甜蜜陷阱中，难道要让自己成为新闻中那个倾家荡产的女孩子不成？信用卡的确方便，可方便的时候，可不要忘了信用卡也是需要你一张一张的百元大钞来偿还的。当你购物刷卡的时候，不妨想象一下如果是现金支付，将会有几张百元大钞被掏出钱包，或许会对你的消费欲望可以抑制一下。如果实在不行，那还是远离信用卡吧，真的变成卡奴，后果可就不堪设想了。

天价货，卖的是什么？

前两天一位好友给我发了一张图片，那是她刚托朋友从香港代购的LV包，三千多块，很漂亮。本想对她表示一下羡慕，可转头一想，她每月的薪水只有两千五百块，可能赶上加班，才能拿到三千有余，这一个包包竟然花掉了她一个月的薪水！最近朋友圈里一直有人炫耀，有的买了香奈儿的香水，有的买了兰蔻的化妆品，有的买了LV的包包，可能这一件商品就花掉了他们一个月甚至几个月的薪水。

有时候花很多钱买一件商品是一件令人匪夷所思的事情，二三百块的香水或许就可以让你的味蕾绽放香气，三四百块的化妆品也足可以让你容光焕发，五六百块的包包也能在你打算换掉它的时候依然保持完好，可是，为什么还是有那么多人要花上多好几倍，甚至好几十倍的价钱购买它们呢？

对于中国人来说，天价货可真是越来越多了。天价货也就是人们嘴中所说的奢侈品，一瓶拉菲红酒能卖到3500英镑，一块劳力士的手表能卖到8000多块，一个LV的包包能卖到一万多块，一款名为AE+Y天价手机能卖到30多万……市场上，从手表到手机，从女包到化妆品，从跑车到游艇，没有你想不到的奢侈品。这些天价货，这些奢侈品卖得都是什么呢？走访一些购买者便可以从中得到这些奢侈品在人们心目中的定位。

首先，在人们的心目中，奢侈品都具有很卓越的品质，无论是设计，还是用料，都是最精心、最经典的，都有让人难以用语言来形容的壮美；其次，稀有，这些奢侈品似乎是一些尊贵的象征，限量发行，让少数人才能成为它们的主人；再者，价格不菲，它们的价格高得吓人，更令人觉得近在眼前，其实远在天边；还有，文化底蕴丰厚，奢侈品积淀了许多人的想法，具有深厚的文化底蕴，是一种文化的代表和传承。

虽然大家给予奢侈品如此高的评价，可是几乎没有一个人觉得它们是生活的必需品。任何一件奢侈品都可以被生活中另外的廉价产品代替，这是毋庸置疑的。可是，大家为什么还要花光自己的薪水，甚至透支信用卡去购买这些天价货呢？

从心理学上分析，人们之所以会购买奢侈品有这样几点心理特征。

一、炫耀性消费心理。中国人正在慢慢富裕起来，几十年前，万元户就已经能够笑傲一方，而现在家产过百万的人都不敢称自己是有钱人了，那得是身价千万，甚至是过亿的人才敢称之为有钱人。当一个人的财富、地位有了攀升，他们就会购买和使用别人买不起的商品来作为自己财富的符号，而奢侈品正好可以满足他们的这一欲望。所以，他们购买奢侈品只是为了彰显自己的身份，炫耀自己的财富罢了。

二、攀比性消费心理。这一特点在女性身上彰显无疑。她用的是一千多块的粉底霜，而你却只用二百多块的粉底液，你立刻就会觉得自己跌了面子，下一次你可能也会购买一千多块的粉底霜了。女人喜欢攀比，比化妆品，比包包，比衣服，比鞋子，只要是能比的，通通都要比，比不过怎么办，那就继续买。

三、从众性心理。很多人其实并不想买奢侈品，只是看大家都在买，于是也就跟风买。就好比当初的苹果手机，当你发现自己身边有一个人买了苹果手机时，很快身边就会有好几个人买，而当某一个人换成了小米手机时，很快身边又会多好几个人买小米手机。人们是很容易从众的，当自己和别人不一样的时候，就会感到恐慌和压力。

四、情绪性消费心理。女人是很情绪化的，这一点对于所有的男人和大多数的女人来说，都是无比正确的观点。女性在消费的时候很容易受到情绪的影响，比如今天心情不好，不妨买件漂亮衣服来补偿一下自己吧；今天和老公赌气了，那就刷他的信用卡给自己买条昂贵的项链；今天和男朋友分手了，留着钱又有什么用呢！花！很多女人购买奢侈品真的是在一个极端的情绪下购买的，以满足自己情感和情绪上的平衡。

可是，回头想想，奢侈品真的值得自己付出那么多吗？有一个朋友为了买一条超级贵的裙子，一整个月都走路上下班，还吃了整整一个月的泡面，裙子买回来没几天，穿了一次就不穿了，理由是太贵了，生怕脏了，洗过之后就不如崭新的好了。很多人为了购买和别人一样的手机、一样的化妆品、一样的包包，付出了太多太多，可最后买回来的奢侈品只能是一个摆设罢了。

理智一些，从容一些，不要让自己辛辛苦苦赚的钱都花在一些没有实际用途的商品上。如果你拥有这个购买力，能够承担起奢侈品的价格，那你可以购买一两件来享受奢侈品的高贵品质，而如果你只是一个普通的女人，那就放下那颗攀比的心，放下那颗炫耀的心，人世间有很多东西是用钱买不到的。珍贵的爱情、亲情和友情，这些才应该是你要追求的奢侈品，才应该是你值得付出精力和时间"购买"的宝贝。

"小财心态"引发更多的消费

一个朋友很喜欢看女性类的杂志，每个月都会固定买几本回家翻阅，渐渐地她们家里的杂志都堆成小山了。于是，有些人就建议她既然这么喜欢这一类的杂志，何不订阅一年的杂志呢？一般来说订阅一年的杂志比每月买单本的要便宜不少，而且还省去了自己每月买杂志的麻烦。朋友一想也对，于是就想要订阅一年的杂志，可是她打电话咨询订阅全年杂志的价格时，一下子就决定不订了。以前每个月买杂志花上十块二十块的，觉得都是小钱，没什么，自己花得起。可是一下子要订阅全年的杂志，要花掉几百块，这让朋友无法接受，于是她便打消了要订阅全年杂志的想法。

其实，做为一个旁观者，我们都不难分析出，订阅全年的杂志要比每月买杂志省钱，因为订阅全年的杂志，商家不但会有小幅度的优惠，还会提供一些赠品，且可以省去每月去报刊亭购买杂志的麻烦。这么划算，为什么还是有那么多人选择每个月单独购买呢？这和人的心态有关，不同的表达方式会让人产生不同的心态，就比如说每天两块钱和每年730块，前者给人的感觉肯定是小钱，而后者已经达到几百块，就属于大钱了，可是，稍加注意，我们就会发现这两个的钱数实际上是一样的。这是小财心态的影响，当我们把一部分钱认定为"小钱"时，就会觉得这笔钱是微不足道的，消费起来也就更加不在乎，每次遇到三块五块的消费时，就毫不犹豫地掏腰包了，心里并没有半点想法。

但是，现实生活中，恰恰是因为"小财心态"才让我们有了更多的消费。心理学家曾经做了这样的实验，找到一批愿意参加实验的人，询问这些人愿不愿意为一所贫困小学捐款，几乎所有人都表示愿意，于是研究人员继续问，如果每天捐一块钱，大家是否愿意，结果有68%的人表示愿意。研究人员继续问，如果每年捐款365块，大家是否愿意，结果只有27%表示愿意捐款。其实，这并不是因为大家没有爱心，而是小财心态在作祟。

在这种小财心态的影响下，很多商家都开始动脑筋了。许多杂志或是报纸，开始标识出每本或每张的价钱，慢慢摒弃填写年订购价的标识。据不完全统计，出示单个价格要比出示年订购价的销售量高出10%-40%；保险机构也同样开始推出一些"每天交纳**元，就可以拥有属于自己的保险"等活动，如果保险机构推出的是健康保险每年交纳多少元，这样一笔大数字出现在眼前，是会吓退很多想要购买保险的人的；越来越多的商品可以采取分期付款的方式，每月付一部分钱，就可以拥有一部几千块的手机或是上万元的笔记本电脑，都是同样的道理。

正是因为大家对于小财不在乎，所以，消费起小财来就更加不在乎了。可是，随着这样的"不在乎"的增多，小财也就变成了大财。就好像一个人很喜欢吃糖葫芦，他觉得每天吃一串糖葫芦，才花三块钱，这么点儿小钱谁在乎呢？于是，他每天吃一串糖葫芦，可是每天三块，每月就是90块，每年就是1080块，一年吃糖葫芦的钱都可以买一套十分不错的名牌西装了，如果是这样的话，你还舍得每天都吃一根糖葫芦吗？

不在乎小财，小财消费的多了，也就变成了大财。所以，我们绝对不能养成这种"小财"的习惯。对此，我们应该做到两点。

第一点，避免因小财失大财。买东西花小钱自然没问题，但是这种小钱花的多了，你就会发现自己每月的工资，没见到自己买什么东西，就已经消失不见了，所以，花小钱的时候也需要仔细盘算，不要过多的花小钱。而且有些东西虽然一次性花了大钱，可这也是为了以后不花更多的小钱。还有那些分期付款的商品，很多人分期付款买手机、买电脑，仔细看着的确很合适，可是这和你一次性付款有什么区别呢？一分钱都没有便宜，而且电子产品更新换代很快，你不但没捞着便宜，反而还吃了亏呢。

第二点，将小财变大财。很多人都觉得五块、十块是小钱，要存钱，那得是上千、上万才值得自己存，其实，小财才是你真正需要存起来的，因为是小财，如果你不存起来就会花掉。与其花掉，还不如存起来。如果每天存一块，每年就能存365块，这个钱足够自己年底买件新衣服了，如果每天存10块，每年就能存3650块，恐怕这个数字就已经是一部分人每个月的工资了。

第三点，别小看小财，也别不在意小财。有时候你会觉得那些富人怎么会那么抠门，连几块钱都计较，其实不是他们抠门和计较，而是他们更在意小财，更懂得积少成多的道理。在生活中进行消费，一定要提防商家的"小财"障眼法，更要养成"保护小财"的习惯，让自己避免在"小财"上吃大亏。

是什么让女人的消费失去理性？

当今市场中，谁才是消费者的主力军？答案当然是女人。商家都知道一个道理，这个时代谁的钱最好赚，当然是女人和孩子，而孩子的大部分消费都是女人付出的，所以，女人当之无愧是消费者中的主力军。

很多女人消费是没有理性的。无论衣柜里有多少衣服，永远觉得自己的衣柜少了一件，遇到喜欢的，遇到流行的，肯定会买回一件；无论化妆品有多少，从来不会等到自己的化妆品用光了再去买，永远都是碰到就买，绝不会因为自己的没用完就停止消费；无论自己的老公缺不缺衣服，只要看到合适的，尤其是遇到打折的，就会毫不犹豫买下来；无论自己的孩子需不需要，只要是看上了，绝不会放过。

林娟三十出头，家庭幸福。林娟每个月的工资有三千多块，但几乎都剩不下多少。一些生活支出几乎都是由她老公负责的。三千多块，按理说已经可以满足一个普通女人的消费了，可为什么林娟就是剩不下钱呢？原来林娟特别爱逛商场，不是给自己买东西，就是给自己的老公和孩子买东西。有时候她也觉得自己花的太多了，想要节制一下，可是每次逛街总也控制不住。林娟曾经询问过和自己差不多的女人，她们的消费和她也差不了多少，她也就心理平衡了。

究竟是什么原因，让女人的消费毫无理性可言呢？我们来总结一下。

一、攀比心理。相比男人而言，女人的攀比心理要强得多。别人买了一件大牌的衣服，自己必须买一件，否则就会觉得自己太掉价了；别人买了一双正流行的鞋子，自己必须也来一双，否则就会觉得自己跟不上潮流；别人买了一套新的化妆品，自己必须也买一套，否则就会觉得对不住自己这张脸似的。在攀比心理的作用下，女人会失去理性，什么都不会顾忌，只知道自己必须要买，不买就会让人比下去。而且，女人聚在一起聊的话题也无非是衣服、鞋子、包包、化妆品之类的，万一自己真的没有，可不真是要被自己的小姐妹笑话死了。攀比心理是让女人购物失去理性的主要原因之一。

二、孩奴心态。社会上出现卡奴、房奴、车奴之后，又出现了孩奴。夫妻两个人奋斗一辈子，不都是为了自己的子女吗？大部分已经生儿育女的女人都是孩奴。这也让商家抓住了儿童消费这一领域，开始在这方面大肆赚钱。为了不让自己的孩子被别的孩子嘲笑，衣服、鞋子、书包等生活用品都要买最好的，别的孩子有学习机，自己的孩子必须要有，别的孩子上艺术培训班，自己的孩子也必须要学。总之，别的孩子拥有的，自己家的孩子只能多，不能少。在这种心态的驱使下，不少女人一掷千金，购买一些和自己的消费水平不相符的商品，加大了生活的压力。再加上大部分的女人都认为自己这辈子赚钱不就是为了孩子花吗？所以，为孩子花钱，无论花多少都是舍得的。

三、为男人花钱。大部分家庭当中的分工，都是男人的生活用品大部分都由女人来采购，大到衣服、皮鞋，小到袜子、内裤，无一不是女人来买的。所以，在平时逛街的过程中，女人会为了自己的男人，而多关注一些男人商品的信息。每当遇到打折或是促销，或是看到十分合适的商品时，女人必定是首当其冲。在超市男士内裤打折区域，清一色全都是女人在那里围着挑挑拣拣。女人为自己的男人买东西，也是没有理性的，她们对于男人的需求是没有概念的，只要碰上那就买，绝不会想他现在缺不缺，需不需要。因此，男人商品的消费，也会让女人失去理性。

四、求廉心理。女人们当中讨论的话题总是，"某某商场又打折了"、"某某专卖店正搞节日促销呢"、"某某网店正返利销售呢"。而男人们从不会讨论这些，男人们买东西很少会顾及价钱，更不会因为这件商品不打折就不购买。所以，在商场打折区域，围拢过来的永远都是女人，而不会有男人。这是因为女人都普遍存在求廉心理，每当看到"打折""促销"等字样时，都会过去凑热闹。只要是觉得商品便宜，不管家里需不需要，都会一窝蜂地买回家。

女人是消费者中的主力军，这一点毋庸置疑。商家自然知晓这一点，所以，会刻意做一些行动来吸引女人的注意。比如说在女装区域的旁边，专门设置男装或是儿童的专柜，让女人在给自己购买商品之后，也会顺便看一看老公和孩子的商品，再比如说专柜的促销也大多针对女人。很多女人或许会发现，自己家中经常堆积着一些不穿的衣服和鞋子，不用的化妆品，打折促销购买的生活用品等等。这些全都白花了钱。

所以，女人消费还是要理性一些，买东西之前先问自己一句：这个东西是不是非常有必要购买。如果并不是必要的东西，或者是不急用的东西，或者是不知道能不能用上的东西，那还是别浪费自己辛辛苦苦赚的钱了。

花钱真的能够平衡心理吗？

星期天正在家里看电视，忽然接到好朋友的电话，要我陪她去逛街，她失恋了，需要购物来发泄自己的情绪。一听说她失恋了，心情不好，我立即赶往她所在的商场，见到她的时候，她的手里已经有三个手提袋了，分别是一双达芙妮的靴子，一件cache的棉服，一个不知名的手提包。看她购物的样子，根本不像是失恋的样子。我一边陪着她逛街，她一边给我讲把她甩掉的那个男人有多么混蛋。她一边骂着那个男人，一边微笑着叫导购员帮自己拿适合的尺码，就连导购员都用怪异的眼神看着她。

一直逛到累的走不动，她才停止自己的疯狂消费行为，最后还要请我吃大餐。我仔细算了一下，她这一次花掉了将近三千块，她一个月的工资也差不多三千块，一次失恋花掉了她一个月的工资！

生活中，女性的压力并不比男性小，女性是情感动物，经常会有来自情感的压力，再加上工作上的压力，家庭的压力，女性常常会感到呼吸紧促。那么，如何来缓解压力呢？男性或许会选择抽烟、喝酒、健身等，而大部分女性都会选择逛街购物。挨了老板的骂去逛街，被辞职了去逛街，失恋了去逛街，和老公吵架了去逛街，来大姨妈了心情不好去逛街，女人稍有情绪波动，稍有心理不平衡时，就会选择去逛街。

一般来说，女人通过购物来追求心理上的平衡可以分为两种情况。

第一种情况是因为迷失了自我而心理失衡。这一类情况包括女人的失恋、被老板炒鱿鱼、面试被拒等，一般来说都是因为某件事情的失败，导致女性心理失衡。心理学家将人的行为动机分为两种，一是性冲动，二是渴望伟大。性冲动很好理解，那么，什么是渴望伟大呢？渴望伟大实际上就是实现自己的重要性。每个人都觉得自己是核心，一旦遭遇失败，就会害怕失去自己的重要性，所以，女人就会通过购物来追求心理平衡。女人在情绪低落时买的东西都是化妆品、衣服、包、鞋子等，这都是因为女人想要通过外在的装扮来掩饰内心的失落，她们需要一个平衡点，来让自己看起来不是那么失败。

第二种情况是因为工作压力太大导致女性心理空虚寂寞。很多女人工作压力太大，除了吃饭睡觉之外的时间几乎都用在了工作上，女人劳累的时候是十分害怕独处的，于是她们选择用购物来忘记自己的疲劳，平衡自己的心理。

其实，无论是这两种情况中的哪一种，都离不开女人的补偿心理。失恋了，心情不好，通过购物来补偿自己；工作累了，通过购物来补偿一下自己；被老板炒鱿鱼了，通过购物来补偿一下自己。可是，这种补偿真的可以让自己心理平衡吗？自己在疯狂购物之后，真的就可以恢复到原来的状态吗？

可不尽然，就我所知，那位好朋友在失恋后购物花掉自己一个月工资之后，一整个月里她都在靠借钱过日子，平时没有什么积蓄，一下子花掉了那么多钱，她的生活便成了问题。很多女人都是如此，购物的时候的确痛快，可购物结束呢？回到家中看到自己买的这些东西，头都大了，甚至怀疑刚才购物的人是不是自己。据调查，很多女人在疯狂购物之后，都会后悔，甚至是追悔莫及。女人在不理智的情况下会买些什么东西呢？衣服，很多衣服匆匆一试直接就刷卡了，可回到家发现这根本不是自己之前的风格，自己也根本不喜欢；包，看了一眼就买下了，可回到家发现自己的包包已经一大堆了，它的出现也是放在家里占地方；化妆品，促销打折的诱惑，一下子就购买了，买回来才发现这些化妆品根本不适合自己，而自己原有的化妆品可能用到过期了也用不完。疯狂购物，只不过是花钱买了痛快，其实什么都没有买来。

用购物来平衡自己的心理，疏解自己的情绪，实际上是一种缺乏健康的压力宣泄渠道。在这个世界上谁都会遇到烦心的事情，谁都会有不如意的时候，我们应该寻找合理发泄情绪的事情，比如说运动，比如说听音乐，比如说散步，这些事情都可以成为发泄情绪的方式。

如果你觉得自己失败了，不要用购物来掩饰自己的失落，应该明白今天的失败是为了明天成功，如果轻易就被打败了，那你的整个人生都是失败的。重新站起来，寻找新的希望。如果你觉得自己累了，需要缓解自己的压力，更不要选择购物，世界上每个人都有压力,想要战胜压力,那就不要惧怕压力,战胜压力靠的还是自己内心的力量,而不是购物,你应该接受自己的有限性,充分去挖掘自己的潜能。

当你累了、败了、想要发泄了,想要购物了,那就不如打开音乐,铺好瑜伽垫,来一次身体的旅行吧!时间久了,你会发现自己已经戒掉了购物的瘾,不会因为一时的失落就去疯狂购物了。

不要把喜爱写在脸上

桃子在年底刚发完奖金，立即决定去商场血拼，大包小包买了不少。桃子还算是一个比较理智的消费者，对于一些奢侈品，她从不会轻易购买，衣服、鞋子、包包，她都会购买，只不过她会根据自己的需要和口袋里的钱来选择性购买。看着自己买的差不多了，就打算回家。回家的时候路过一家外贸店，见里面颜色挺鲜亮的，就打算进去看看，这一看不要紧，一件白色的棉服就入了桃子的眼，怎么看怎么喜欢，便叫老板给自己拿下来看看，在老板的建议下，她立即试穿了一下，看着镜子里的自己，怎么看都觉得好看。

桃子对白色的衣服本来就情有独钟，这件衣服又好像是量身定做的一样，叫桃子爱不释手，便询问老板价钱，没想到这样一家小店里的衣服竟然要价580块，桃子钱包里还有六百多块，想到刚才血拼已经花了那么多钱了，她已经有点儿不想买了。可是，老板见她这样喜欢，就急忙说这个款的衣服就三件，一个颜色就一个，姑娘你真是有眼光，前两天有人来看，可是穿上没你穿的好看就没买，你看巧不巧，这衣服就是等着你呢。桃子见老板也有意向卖，于是就想着还还价，可老板却一分钱也不让。桃子思虑再三，掏钱买下了衣服。后来听同事们说这样的小店一般都可以还下一半的价钱来，那个老板之所以不让价，就是因为见桃子太喜欢了。

的确，女人是情感动物，经常把喜欢和厌恶写在脸上。这个特点也会被导购员或者老板看在眼里，他们自然不会放过这个卖货的好时机。如果你逛过许多店，你就会发现当你表现出漫不经心、随便看看的时候，导购员一般都不太会理你，顶多就是和你说一句，喜欢可以试一下。而当你表现出很喜欢这件商品，主动要求导购员给自己拿来看看的时候，导购员才会露出十分殷勤的笑容，为你忙前忙后。可是，当你觉得爱不释手，不买下又觉得舍不得的时候，往往导购员又会变得不太爱理你了，这是为什么呢？当然是怕你杀价，要摆出一副"你不买，会有别人买"的表情。

别把喜欢写在脸上，这是买东西的大忌讳。卖家是很会看人脸色行事的，当你表现出很喜欢的时候，他们往往抓住你"非买不可"的心理，绝对不会让价，而且绝对会让你觉得"你错过这个村，可就不会没这个店了"。当你实在没办法抑制自己的喜欢时，那么，对于卖家来说，这笔买卖已经做成了。

很多女人正是因为无法抑制自己内心对商品的喜爱，从而进入了卖家的圈套，一下子就把商品买下了。最后回到家才后悔，因为通常在自己喜欢一件商品时，购买下来的价格往往也会比其他时候高很多，且这件商品的质量也并不一定有多么好。那么，在购物时，应该如何表现呢？

首先，女人在购物时不能表现出是要购物的样子。或许你会觉得这样不是在装吗？当然不是，你的目的性越强烈，就越是容易让卖家抓住你的弱点。你要表现出随便看看的样子，随便看看并不代表要买，这样也会给你提供一个绝对安静的购物环境，不会有导购员左右你的购买意向，让你能够相对正确地看待一个商品。

其次，喜欢的商品，随便问价。购物的时候，可以问价钱，但不要问太多多余的问题，你越是问，卖家就越是觉得你要买，越是会给你推荐，让你不买都会觉得不好意思。看到喜欢的商品，那就随便问问价，问问这个，问问那个，不要紧追着一个商品问，当你把卖家问烦的时候，她就绝不会纠缠你买商品了。

最后，多家对比，欲擒故纵。买东西，一定要多家对比，否则，你是不会知道哪家的商品性价比更高。要在多家对比之后，再决定购买哪家的商品。最后到了决定购买的时候了，你更不能急功近利，要依旧摆出高姿态，摆出"买不买都不一样"的样子，这也是买东西的高招：欲擒故纵。你想要买这件商品，那就漫不经心地砍价，卖家不让价，那就走，不要留恋，即便是你真的很喜欢这个商品，也要转身离开。一般来说，如果价钱差不多的话，卖家是会把你喊回来的，如果价钱相差很多，卖家就不会喊你，那么，你实在喜欢的话，就可以在这个时候买下了。

买东西是一门学问，生活阅历丰富的女人，同样是杀价的高手。女人对于商家来说，可是一个十分庞大的消费群体，他们是不会放过任何一个提高商品销售量的机会的，他们会利用一切女人的心理来促进销售。所以，作为女人在购物时，一定要提高警惕，不要让卖家看穿自己的心思，否则，最后吃亏的还是自己。

不选贵的，只选对的

随着人们生活水平的不断攀升，人们越来越追求生活的品质，谁都希望自己能有一个高品质的生活，让自己工作之余，不是被动生活，而是享受生活。可是，随着生活水平的提高，商品市场也发生了很大的变化，能够笑傲商场的不是那些物美价廉、货真价实的商品，而是那些天价商品。在人们不断追求高品质的路上，也开始了不断追求高价的过程。

就拿一款手机来说，曾经的苹果4S手机可谓风靡一时，现在的苹果也是如此，当初苹果4S流行时，售价是4999，这样一款手机，许多人恐怕花上一个月的工资也买不起。可是，大街上随处可见手拿苹果4S手机的人。大家认为价格决定着它的品质，加上大家都有，自己没有显得很没面子，所以也就跟风购买了。可是，买回来发现这手机80%的功能，自己几乎是用不到的，实际上花一两千块买的国产智能机已经可以满足自己的使用了，买手机无非是用来打电话、发短信、上网、玩游戏，而这些功能国产智能机都可以满足，何必多花上一倍的价钱来购买苹果4S呢？

作为现代成熟的女性，应该坚守自己的消费原则，那就是：不选贵的，只选对的。

一台全自动高档滚筒洗衣机价格不菲，外观大气上档次，可也许并不适合自己的房子，买回来十分占地方，和自己家庭装修也不搭，而且功能太多，有很多都是自己不需要的，白白多付了一倍的价钱；一条漂亮的名牌裙子，是今年最流行的款式，可也许自己穿上会暴露出自己身体缺点，显露出自己的粗壮小腿或是有赘肉的胳膊，穿上并不好看；一套化妆品，价钱不低，是所有女人的最爱，自己身边的人都在用，可是价钱太贵，根本不是自己能够消费得起的。这些东西只是贵的，对于你来说并不是对的，所以应该做到的是敬而远之。

也许你会问了，什么叫对的呢？

首先，对的就是适合自己的。一款商品，可能很漂亮，可能很实用，可能很流行，可能功能很多，可是不适合自己，那就不是对的商品。任何商品都应该根据自己来选择。很多女性可能都有这样的经历，买回来的衣服穿不了，买回来的化妆品用不了，买回来的家电不好用等状况。与其花了钱买了占地方的东西，还不如当初就选择适合自己的商品呢。

其次，对的就是符合自己消费水平的。天价的商品数不胜数，可是，自己有那么高的消费水平吗？你也许攒上一个月的钱可以买一款流行的包包，可是你不觉得自己为了这个流行包包付出的太多了吗？你紧衣缩食，放弃了看电影的机会，放弃了外出旅行的机会，降低了自己的生活品质，买一款流行包包，然后呢？你会发现正因为它太昂贵了，自己根本舍不得用，买回来也只不过是一个摆设而已。符合自己消费水平的商品才是对的商品，没必要因为跟风而购买天价商品。

最后，对的就是有品质的。你可能工资不高，于是一味买廉价商品，你以为这样可以攒下钱，可是最后你会发现你通过降低自己生活品质而攒来的钱损耗了生活质量。廉价的商品质量都会很差，如果是食物，可能会损坏你的健康；如果是日用品，可能也会损坏你的健康。即便是你的收入不多，你也应该选择品质好一些的商品，这也是在保证你的生活品质。

世界上有太多太多的商品，每一款商品的出现都有它对应的消费人群。不买贵的，只选对的。现在的商家，知晓消费者的消费心理，不断从心理上做文章，做为消费者，应该躲避商家设下的圈套，只要坚定自己的立场，选择对的商品，你就不会钻入商家的圈套。理性购物，不选贵的，只买对的，你会发现你的生活品质会越来越高的。

Chapter 3
识破营销的噱头：
与商家的心理博弈

这个时代有一个词语是人们时常念叨的，那就是营销。再好的商品，不懂得营销策略，只能是压在库里的过期品；再差的商品，只要懂得营销策略，也能卖得一件不剩。所以，几乎所有的商家都在绞尽脑汁思索营销策略，诸如如何留住消费者，如何吸引消费者等。此时可能你已经沦为商家的囊中之物了，嘘，让我来告诉你如何规避。

商家的价格障眼法

前天一大早,同事就在办公室里炫耀,说自己在逛街的时候,恰好碰上商场里的童装店打折,折扣最高的甚至达到了原价的两折,她显得十分兴奋,因为她可是大包小包买了一大堆,给自己的宝贝女儿来了一个由里到外大换新。也因为商家表示那是最后一天促销,这让同事觉得自己真是幸运,捡了一个大便宜。结果,另外一位同事也凑了过来,详细询问了一下这位同事购买的商家的地址在哪儿,结果两个人发现,她们都从这家店里买了童装。可是,仔细比对了一下价钱才发现,这位原本以为自己占了大便宜的同事,其实花了更多的钱。

同事十分气愤,决定下班之后再去商家看看,找他们说理去,明明说是打折促销,结果自己没少花钱,还多花了钱。可是,当她回到那家店的时候,发现他们依旧在促销,她便询问商家前几天不是最后一天了,怎么还在继续促销呢?商家的导购小姐笑了笑说:促销原本是清仓甩卖,可前些日子根本没卖完,就把促销期延长了一下。同事不禁愕然,这商家未免太聪明了,之前觉得自己占了大便宜,没想到实际上是吃了大亏。

无论是在豪华的商场中,还是在街边的小店中,我们随处都可以看到"打折""促销""清仓甩卖""换季促销""低至一折",甚至还有"跳楼价"等字眼的出现。正是在这些字眼的吸引下,消费者才会去看,在大家的潜意识中,这类商品一般都是非常实惠的,你想想看,如果是两折的商品,原价十块,现在只要两块,换做是谁,都会去买的。可是,这些商品真的如此实惠吗?

正所谓无商不奸,商家是不会做赔本的买卖的,他们只是用了价格障眼法,来诱导消费者购买商品罢了。下面让我们来看看商家都有哪些障眼法呢?

一、永远都在促销。很多商家总是打着促销的旗号来吸引消费者，但是，实际上他们一直是以这个价格销售，从未以"原价"销售过。尤其是电商，他们经常会搞团购或是聚划算之类的活动，传统意义上的团购和聚划算都是十分实惠的。人们争前恐后地购买，可是，等团购或是聚划算结束后，你就会发现这款商品原本就是这个价钱。想要避免这个障眼法，平时还需要多看、多比较，千万不能怕麻烦，否则只能掉入商家的圈套中。

二、贴上双重标签。很多商品商家都打出了降价的通知，可是，当你满心欢喜地买回家时却发现原来标签下面还有一个标签，实际上你购买的价格并没有比原价低，有的甚至还高于原价。比如说一件衣服80块，商家说直降30块，你以50块的价格购买下来，会发现下面的标签上标价原本就是50块。或者一件衣服100块，商家说七折出售，于是你花了70块钱买了下来，结果下面的标签却写着80块钱。双重标签是商家常用的障眼法，想要避免这个障眼法，还需要细心一些，仔细观察一下标签下面是不是还有标签，或者有没有撕下标签的痕迹，如果发现了蛛丝马迹，那还是放弃吧，因为你根本没买到实惠。

三、特价专柜掺杂平价商品。在商场或者超市中，经常会出现特价专柜，上面贴着"特价销售"的标签。这些商品往往没有一定的摆放顺序，经常都是杂七杂八地堆放在一起的。但是，在这些特价商品中经常会掺杂一些平价商品，一不小心顾客就会把平价商品拿走，等到结账才发现自己拿错了，可是已经为时已晚，想要退货的话，程序复杂，很多人也就全当吃了哑巴亏了。很多平价商品都是掺杂在特价专柜中销售出去的。想要避免这个障眼法，还需要一双火眼金睛，要么自己仔细观察，要么仔细询问，一旦拿错，那可就被商家给糊弄住了，自己也就只能吃哑巴亏了。

四、涨价却不改标签。这个障眼法经常被超市采用，有些商品明明已经涨价了，标签却没有改，标价一块钱的商品涨到了一块五，等到结账时拿到收银小票才看到，询问收银员得到的答案却是还没来得及改标签，消费者也只好接受了，而且有很多人都不看收银小票，直接扔掉就完事了。

五、收银和标价不符。有些商品标价是一个整数，结账时却发现它的标价竟然多出了几分钱，收银员对此的解释是如果最后的付款中存在几分钱，商家是会直接把这几分钱去掉，付款金额只计算到 0.1 元，不会收取顾客那几分钱的。这样看上去似乎对你来说没有损失，但是，你想想看，很多人在超市都是一下子购买许多商品，几乎很少有人逛超市只买那么两三样商品的，多有几个这样的"几分钱"不就凑足了一毛钱吗？每天逛超市的人那么多，积少成多，这种小伎俩，超市可是不少挣钱呢。

  在生活中消费，一定要警惕商家的价格障眼法，他们会使用各种各样的手段，让消费者感到自己占了便宜，抢了实惠，实际上真正占便宜的是这些商家。在消费中，为了避免这种情况的发生，一定要多看、多想、多分析，切不可一看见"打折""促销""特价"的字眼就冲上去买个没完。你的钱可不是大风刮来的，可不能就这样被商家白白骗去了。

商家都喜欢打出"最后"的通告

小张的老婆是个非常会过日子的好女人，因为小张的老婆特别会买东西，她买回来的东西全部都是赶在商家打折、促销、最后清仓的时候购买。可是，最近一段时间小张却十分郁闷，原因还出在他的老婆买东西上面。秋末换季，小张的老婆抓住这个好时机去购物。许多的服装店都打出"最后几天清仓""换季促销倒计时"的旗号，小张的老婆一看机会来了，疯狂购买。这几天，她购买的商品已经把家里堆得满满的了，把小张两个月的工资都花光了。再看买回来的那些商品，真的是物超所值吗？全部都是一些过季的商品，价钱上也没见便宜多少。可是，小张的老婆却还是干劲十足，每次遇到清仓的最后通告，都会冲上去，先抢下再说。

只要你在街上走一圈，你就会立即发现许多商家都打出"最后三天""最后一天清仓""卖完不干了"等旗号，而且通常情况下，商家打出这些旗号之后，生意都会变得非常的火爆。很多女人就像是小张的老婆那样，争相前去购买这些"最后"的商品，希望可以搭上"最后"的"实惠"列车，让自己真正享受到实惠的商品，即便是没有购物的打算，也会在这些商家的旗号面前踌躇片刻，最后钻进去挑个痛快。可是，真的是最后一天吗？商家真的是卖完就不干了吗？几天后再去看，这些商家都好好的，完全没有要歇业的意思，可是，他们为什么要频繁打出"最后"的通告呢？

在消费心理学中有一种效应叫做稀缺效应。稀缺效应就是指人们把"物以稀为贵"引起的购买行为进行提高的变化现象。心理学家普遍认为，一旦设定了最后的期限，就会给人造成机会稀缺的假象，从而令人产生强烈的购买欲望，在选择商品时就会拥有强烈地占有欲。所以，商家通常会打出这样的"最后"通告，利用稀缺效应来吸引顾客前来消费。

现代人的通病就是机会越少、越难得的东西，我们就会越加地珍惜，为了不让自己错过这些"最后的期限"，人们往往会产生"就是它了，一定不能错过"的心理，于是蜂拥而上，和其他消费者展开了疯狂的较量。不得不说商家的"稀缺效应"是十分有效的，很多商家在打出"最后清仓""最后一天打折促销"的时候，原本卖不出的商品一下子就会被抢光，原本无人问津的商品也时不时会有顾客前来询问价钱。

当商家发现稀缺效应之后，自然不会放过这个销售的好机会，一些商家开始认为，销售就是制造稀缺，于是商家们频繁制造出"稀缺商品"，比如某款汽车限量发行，打出"全球限量多少辆"的旗号，很多人觉得限量发行的汽车必定性能超前，如果自己拥有别人没有，该是多么令人羡慕的一件事情，于是许多人开始疯狂抢购；比如某款手机在线预约，打出"数量有限，排队购买"的旗号，很多人觉得这样的手机性能超群，一定要买上，于是许多人开始疯狂排队；比如一些电影的上映，打出"独家放映，放映三天"的旗号，很多人觉得这样的电影必定是大片，于是许多人开始疯狂买票。在大家的传统意识中，少的就是好的，为了这些好的东西，大家自然会不顾一切向前冲了。其实，当你疯狂购买的时候，商家却在一边偷笑，因为他们的稀缺效应又成功了。

可是，当我们不断追逐"最后清仓""限量发售""独家放映"的时候，我们有没有回过头来看看我们在这个过程中得到了什么？最后清仓的时候，花了不少的钱，买回了不少的商品，可是这些商品我们却迟迟找不到合适的用处，衣服过季了明年才会穿，可明年就过时了；生活用品太多，一时半会用不上，可能用上的时候已经过期了；食品太多，一次性解决不掉，只能送人或是扔掉。限量发售抢购来的商品，通常价格不菲，可是商品质量却不过如此，根本没有想象中的那么好。最后，我们发现自己苦苦追求的那些稀缺商品，只不过是打着"稀缺商品"的普通商品罢了，最后是花了钱也没享受到应有的品质，何必呢？

所以，还是理性消费，不要觉得"最后"的就是最好的、最实惠的，这些打出"最后""限量"旗号的商家只不过是想促进自己的销售罢了。商品还是原来的商品，价钱也还是原来的价钱，你能不能买到实惠，无从知道，只有商家是实实在在做到了销售爆棚，这才是真的。理性消费，绝不跳入商家"最后"的陷阱中。

超市的布局激起顾客"潜在消费"

很多女人都喜欢逛超市，无论是买生活用品，还是买零食，超市无疑是最佳的选择。超市的商品齐全，完全是为了方便大家才存在的，但是很少有人能够意识到，在无形的便利当中，超市已经让我们多花了钱。不信你可以在下次逛超市之前给自己列一个清单，写好自己要买的东西，等你从超市回来，将超市小票和自己的清单进行对比，你会发现自己至少多买了好几件商品。没错，超市就是有这样的魔力，在你不知不觉地时候，就已经把你的钱从钱包里掏出来了，而且还会让你觉得自己占了便宜。

超市的布局基本都是大同小异，比如说一些特价商品都摆放在超市的通道上，陈列着方便面的货柜附近一般都有粮油区，牛奶、酸奶等饮品的冰柜附近一般都有糕点区，还有就是收银处摆放的商品大多都是口香糖、安全套、纸巾、巧克力，而且大部分收银处还会摆放着一个小型的冰柜，里面陈列着可乐、雪碧、冰红茶等最常见的饮品。

可能有人会说这些超市都是一个个照搬别人的，一点儿都没有创意性。实际上，超市的布局是十分有讲究的，他们之所以布局成这样，是因为这样的布局可以引发顾客的"潜在消费"。也就是说，在这种布局下你放入购物车里的东西，和别的布局下你放入购物车里的东西是不一样的。

英国有一家超市在统计各类商品销售情况时，发现啤酒和尿不湿竟然同比增长，于是一位聪明的营销经理发现，很多人晚上会看足球比赛，家里有孩子的就必定会给孩子买尿不湿，但是有些人在购买啤酒时并不会记得买尿不湿，于是超市便把啤酒和尿不湿放在一起了，结果第一周的情况是啤酒和尿不湿同步售罄。还有一家服装店分别销售男装、女装和童装，起初把女装放在左边，男装放在右边，而把童装放在后面，可是很多女人在买衣服的时候都倾向于向右走,因此当她们走到男装区发现走错后便转头走掉,不会再去看女装和童装了,后来服装店把男装和女装交换了位置,结果很多女人在买完自己的衣服后,都习惯性地看看男装和童装,只要看了,那就有可能买下来。结果最后的数据显示,女装的销售和平时差不了多少,而男装和童装的销售额则有了很大幅度的提升。

你看,这就是不同布局引发的不同销售。下面就让我们具体看一下,超市的哪些布局可以让我们多花钱。

一、过道里的特价商品。几乎每个超市都会有定期的促销活动。每当有特价商品出现的时候,它们出现的位置永远都是在过道里,那么它们为什么会出现在这里呢?毋庸置疑这个位置很醒目,每当你推着购物车的时候一定会看到它们,一看价钱很低,说不定随手就放进了购物车里,而且这些商品的出现会造成过道狭窄,必定会造成拥堵,在你等待过去的时间,说不定多看两眼商品就买下了。只要你看,你就有可能买下,你停留在商品身上的时间越长,你购买商品的几率就越大。

二、隐蔽处的隐私商品。女士内衣、男女内裤等的销售地点都会在超市中比较隐蔽的地方。就拿女士内衣来说,如果看到内衣在一个十分显眼的地方,她们就会止步,选择去内衣店购买。如果她们发现内衣所在的地方十分隐蔽,她们就会停下来去里面挑选。

三、相互搭配的商品。很多商品具有相关性,比如说爽肤水和保湿霜,牛奶和面包,米面和粮油,蔬菜和水果等,将这些商品安排在比较近的地方,无形中提醒了消费者,引发了消费者的消费行为。比如说周末买些面包宅在家里,当看到牛奶或者酸奶的时候,就会想到自己还需要一些饮品,而如果看不到的话,恐怕一部分消费者就会忘记自己还需要买相互搭配的食物。

四、收银处的商品。收银处的商品可为超市增加了不少的营业额。比如说放置饮品的冰箱,当人们排队结账的时候,来一罐饮料是多么地惬意,尤其是夏天的时候,不少人会选择在这里拿上一罐饮料。口香糖、巧克力等也是因为等待的时间实在是太煎熬了,不如给自己找点儿事情做,最终放在了购物车里。泡泡糖、棒棒糖等商品的存在,是因为有些时候顾客消费的钱数会找回一些零钱,许多顾客都十分讨厌零钱,所以直接就拿一块棒棒糖或是泡泡糖代替了。

　　超市的布局都是经过精心的设计，他们所做的一切无非就是为了促进超市的营业额，他们在布置超市的时候，已经将所有能考虑进去的因素都考虑进去了，所以，我们更应该理性消费。

羊群效应：小心中了榜样的"毒"

小玉昨天去逛商场，忽然看见前面有一群人围在一起，似乎是有什么促销活动，聚集了这么多人，说明促销力度肯定很大。小玉急忙跑过去一看，才知道原来是新护肤品的促销，只要买一套护肤品就可以免费抽奖一次，而且商家保证是百分之百中奖。由于大家对这个牌子的护肤品并不熟悉，所以只是围观，没有人购买。

这个时候，一个打扮时尚的女人出现在大家的视野中，她先是十分惊奇，然后说到："噢，这个牌子啊，在香港那边很流行的，太好了，以后买它不用跑到香港了"。时尚女人的一席话让大家恍然大悟，原来是香港的品牌，怪不得不知道呢。一下子大家都来了精神，纷纷购买并参与抽奖。小玉见到这种状况也急忙挑选了一些自己需要的护肤品，并参加了抽奖，结果只抽中了末等奖，护肤品小样一个。虽说没抽到奖，可小玉觉得自己买到了香港货，也很不错了。可是，没想到的是回到家里一试，这些护肤品不但没有包装上说的那些作用，还让她起了满脸的小痘痘，真是苦不堪言，肠子都要悔青了。

生活中我们经常会遇到这种情况，超市的抽奖活动，商场的促销活动，总会有那么一个"消费者"走出来，引起大家的购买行为。其实，你猜的没错，这个消费者就是我们俗称的"托儿"。在还珠格格中，小燕子在街上卖艺的时候，就要五阿哥做"托儿"，从而让更多的人给他们付银子。从古至今，这种找"托儿"的方法从未间断过，而且百试百灵。这究竟是为什么呢？没错，是因为羊群效应。

羊群效应是说人们经常会受到多数人的影响，从而产生跟随大众的思想和行为，又叫做"从众效应"。羊群效应是非常可怕的，法国科学家做过这样一个实验，他们把一些松毛虫聚集在一起，放在花盆的边缘上，让它们首尾相接，围成一圈。在花盆的附近有松毛虫最喜欢吃的松叶，但是，奇怪的事情发生了，这些松毛虫只是一圈围着一圈地转，直到最后它们累死为止。这些松毛虫就是因为羊群效应的影响，一个跟着一个跑，谁也不愿意改变，最后都饿死了。在实验员的引导下，一只松毛虫改变了方向，吃到了松叶，剩下的松毛虫也都改变方向，进而可以吃到松叶了。羊群效应就是有这样的魔力，大部分人都不愿意担当"出头鸟"，只想跟着别人一起跑，因为他们认为这样是最安全的。

在生活中，我们购物的时候一定要警惕羊群效应的影响。

很多商家在促销的时候经常会安插一些"羊"，这些"羊"成为了人们的榜样，他们来购买或是尝试这些商品，引起人群中的羊群效应，让大家纷纷来购买这种商品，从而提高销售额。所以我们在购物时，一定不能跟随其他人的行为来选择购买，要有自己的主见。

我们应当给自己提个醒，不应该只是学着别人怎么做，自己就怎么做，而应该看看那些成功者，他们都是敢于走一条自己的路，才会成功的。如果他们和你一样，永远跟随大众的脚步走，想必他们的结果也是一样的。适当调整自己的心态，让自己远离"羊群效应"，不要总是跟着"榜样"跑，如果你愿意，说不定你也能够成为"榜样"，走出一条成功的道路来。不要否定自己，更不要觉得人多的地方就是安全的，人多的地方可能会带给你安全感，但是绝对不会让你走向成功。

警惕羊群效应，不要让自己中了"榜样"的毒，在购物消费的时候也好，在职场打拼也罢，你都需要有自己的想法，做个有主见的人，你才能真正享受自己的人生，否则你的一生都将是碌碌无为、毫无创造可言。

别让"免费"牵着鼻子走

和闺蜜去逛街,逛到中午的时候,两个人都觉得肚子饿了,于是就想要找家餐厅吃饭,这条街上大部分都是以西餐为主,很多西餐厅都是大同小异,正在想要去哪一家好的时候,一家餐厅的宣传小黑板映入眼帘,"免费续杯",我们心想免费续杯不错呀,两个人吃完饭可以坐在这里好好聊一聊,反正中午吃饭也是需要喝饮料的,于是,我们就走进了这家餐厅。

这家餐厅的确如他们宣传黑板上写的那样,是可以免费续杯的,但是再一看他们的饮品类价钱,都要比同类的饮品高出一大截,一杯可乐卖到 20 块,一杯咖啡卖到了 30 块,一壶茶还要 30 块呢。但是,转头一想贵一点儿也是应该的,因为人家是免费续杯的嘛,于是心想着一定要多续几杯,否则都不够本儿的。于是,饭后我们两个人每人又续了一杯之后,就再也喝不下了。走出餐厅都觉得这次就餐实在是亏大了,亏就亏在那个"免费续杯"上面。

只要我们在外面转一转、看一看,就可以发现很多地方都标着"免费"的字样,有的是免费试吃,有的是免费提供饮料,有的是免费续杯,有的是免费体验等等。这些"免费"的字眼往往能一下子吸引住消费者的目光,是啊,谁不喜欢免费的东西呢?不用花钱就可以得到商品或是服务,这样的好事,岂不是天上掉馅饼?可是,不要忘记了,天下没有免费的午餐,如果不以赚钱为目的,商家还不如去做公益事业呢,所以,商家之所以提出"免费",是有着他们的目的的。

商家为消费者提供免费商品或是免费服务是新生的营销方式,这种方式称为"免费营销",他们抓住了顾客想要占便宜的心理,才不断推出了"免费营销"的销售模式。

天津有一家餐厅,无论任何时候只要你来就餐,就可以免费提供咖啡、可乐、雪碧三种饮品。这家餐厅的生意超级火爆，他们每天接待的消费者是附近同类型餐厅的两倍。但是，免费提供咖啡、可乐、雪碧，也是一笔不小的开支啊！私下里向这家餐厅的服务员一打听就可以知道，餐厅提供的咖啡都是买的咖啡粉冲兑的，一壶咖啡花费不到十块钱，而他们提供的可乐和雪碧都是从超市购买的大瓶促销装，每天大概会用五、六瓶，价钱大概是不到四十块，试想不到四十块便可以让餐厅的生意如此火爆，岂不是太划算了。

而提供免费续杯服务的餐厅也是如此。虽然他们承诺可以无限次续杯，但是他们在饮品的定价上就已经高出了不少，再加上如果有顾客想要喝回本儿的话，也需要续杯好几次。可是一般的顾客是喝不了那么多杯的，即便是有人真的可以喝那么多，也只是极少数人罢了。总之，餐厅是稳赚的。

再有就是那些免费试吃的食物，一般来说提供免费试吃的食物，都是新产品上市，想要拓展市场。这个时候，提供免费试吃服务可是有很大的空间的。首先，这些食物肯定会符合一部分人的口味，他们试吃之后多半会购买；其次，即便是口味平淡，一些人碍于面子，也会选择少量购买。根据调查显示，只有极少部分的人在试吃之后选择放弃购买，大部分人还是会买的，如此一来，商家岂不是又赚大了。

还有一些商家会免费提供杂志、无线网等服务，这些商家一下子就把顾客招揽到自己的店里了，买杂志花不了多少钱，装一年的无线网也花不了多少钱，但是却可以为商家招揽许多的顾客，岂不是很值。

还有一些商品的免费体验，如跑步机、按摩椅等一般都会提供这样的免费体验。当你在免费体验的时候，必定会有导购员前来给你讲解，一旦你听得多了，就有可能买下来。

不要让"免费"牵着自己的鼻子走，你以为自己真的捡了便宜吗？其实，根本没有。一些提供免费饮品的餐厅里，他们的菜价会比其他地方高那么一些，实际上你还是为它们付钱了；一些免费续杯的餐厅里，饮品都比其他地方贵，而你又不可能喝那么多，自己还是吃亏的；那些免费试吃的食物，不管符不符合你的口味，你都会碍于面子买下来；那些提供免费杂志和无线网的地方，大多数都是高消费的地方，实际上你已经在为自己所享受的服务买单了；还有一些免费领取小礼品的地方，当你领取小礼品的时候，必定会留下你的联系方式，然后各种乱七八糟的广告就狂轰滥炸到你的手机上了……

天下没有免费的午餐，所谓的"免费"只不过是商家为了招揽顾客的障眼法而已，你应该学会识破这些"免费"，看到自己真正得到的是什么。当看到"免费"的字眼时，不要着急冲过去，应该仔细思量，这些是不是自己需要的，是不是自己必要的，当考虑清楚了，再决定自己是不是要冲到这些"免费"面前。

你中了"中杯效应"的计吗

无论是肯德基还是麦当劳，或是一些连锁的便利饮料站，我们都会发现这样一个奇怪的现象，那就是所有的饮料都分为小杯、中杯和大杯，你可能不以为然，这有什么好奇怪的，小杯自然是给孩子准备的，中杯是大人喝的，大杯是给一些可能喝的比较多的人准备的吧。这样说自然是有道理的，可是，再看看对应的价格，你肯定会觉得有些奇怪。

杯子无论大小，里面的饮料必定是一样的，那么价钱应该是对应的量的多少。可是，一般的定价都是这样的，比如大杯的饮料是800ml，售价是12块，中杯的600ml，售价是7块，小杯的500ml，售价是4块。我们可以看出中杯的饮料只比大杯的饮料少200ml，价钱却相差将近一半。于是，大家就开始进行了计算，看上去似乎小杯的更便宜，可是小杯看上去又不太够喝，于是，在大杯和中杯中做选择，通过计算，中杯的又比大杯的实惠一些，于是毫不犹豫选择了中杯。这就是中杯效应。

一个朋友去商场购买豆浆机，导购员向她推荐了两种豆浆机，一种豆浆机可以制作干豆、湿豆等豆浆，只不过有一个塑料的外壳，售价是398元，而另一种豆浆机功能上和398元的豆浆机是一样的，只是多了不锈钢的外壳，售价是658元。就在朋友马上就要选择398元的豆浆机时，导购小姐马上就给她拿出了第三种豆浆机，一款售价998元的豆浆机，功能上和另外两种差不多，只是拥有一个液晶面板，还有一个不锈钢的外壳。这下朋友有些犯迷糊了，豆浆机当然是不锈钢的好了，比起这个既有不锈钢外壳，又有液晶面板的豆浆机，那款658元的豆浆机似乎更合适一些，于是，朋友立即购买了658元的豆浆机。可是，买回家之后，朋友又后悔了，原来她就是花了将近三百块买了一个不锈钢的外壳。

这种情况也被称为"中杯效应"。如果把同类型的商品分为A、B、C三种，而A的优点很显然优于B，大家一般会选择A，可是如果这个时候有一个商品C出现，而B又比C好得多，且B身上有一个优点是A没有的，那么，大部分人还是会选择B。因为C的出现，让大家对B重新进行了定位，也就让更多的人选择了B。实际上这是商家的计策，当他们想要重点推销B的时候，必定会做出C这种商品，在C的陪衬下，B的优点就凸显出来了。

其实，商家正是打了这样的主意，就像是我那位朋友一样，售价398元和658元相差的价钱不小，可是，功能却是完全一样的，当然大部分人会选择便宜的豆浆机，可是，在998元的豆浆机衬托下，让658元的豆浆机看上去更加实惠，于是大家都选择了商家利润更大的658元的豆浆机。一般来说，商家之所以会制造出A和C，就是为了让大家购买B，因为B的利润更大一些。许多朋友仔细看一看家中的商品就会感觉到，自己其实真的是在中杯效应的作用下，购买了许多商品。自己家可能摆放小型号的冰箱，在价钱的诱惑下买了大型号的冰箱，结果很多空间用不到，白白浪费电；自己买的化妆品，明明每次只用BB霜就可以，却在套装的诱惑下，多购买了粉饼，自己不用也是白白浪费。

现在许多商家都打这样一张"中杯"牌，为了能够销售出去自己利润更高的产品，而多生产其他有对比性的产品出来。这些原本就是用于对比的产品，商家会少生产许多，也许你会问万一有人正巧就会买贵一些的产品呢？那么商家就会说：我们这一款商品卖得太快，存货不多了。如此一来，还会让消费者认为这款商品的确不错，最起码从销量上可以看出来。甚至一些房产中介也知道充分利用中杯效应了。他们会带着客户看许多房子，在看房子的时候，他们绝对不会有任何怨言，因为他们知道这些房子不是白跑的，两间条件差不多的房子，可能价钱相差许多，在强烈的对比下，看房者必定会抱着早些定下早些占便宜的心理，急躁签单的。而那些价格高昂的房子，其实并没有多少，只不过是一些陪衬品，为了让看房者及早签单而已。

作为消费者的我们，应该看穿商家的阴谋，不要让自己陷入中杯效应的圈套中。小杯的饮料或许就可以满足自己的需求，没必要感觉中杯的更便宜而购买中杯，从而将喝不掉的饮料浪费掉。我们应该根据自己的需求来选择商品，398元的豆浆机明明就可以满足我们的生活需求，何必多花将近300块来购买658元的豆浆机呢？

他们就是这样拉近你的心

在逛商场时，你总以为自己久经沙场，绝不会被推销员的花言巧语忽悠住，可是，当你抱着推销员推销给你的大量商品回家，然后还和自己的老公炫耀自己捡了多大的便宜，买了多么好的多功能产品，这个时候，难道你就不觉得自己已经被推销员忽悠住了吗？

在你不知不觉的时候，推销员早已经攻下了你的防线，打入了你的内心，当推销员在你心里已经不是推销员，而变成是你的好友在向你介绍推荐生活产品时，你就已经被推销员拿下了。你可能回到家也没觉得怎么样，还觉得自己占了便宜，发现了好商品，可是，回头想想，那些产品真的是自己需要的吗？自己真的捡到便宜了吗？

朋友小慧就曾经遇到过这样的事情，她去商场闲逛时，正巧碰上一家护肤品正在搞促销，仔细一看，这并不是什么名牌产品，她也就没注意，本想走过去，结果被推销员拦住了，推销员三言两语就把产品的功能介绍清楚了，纯天然的配方倒是让小慧眼前一亮。这个品牌的护肤品价钱还是很合适的，而且正好赶上厂家做促销，一个组合装只卖一二百块钱，小慧想反正护肤品一直都需要，干脆买一次试一试。最后，小慧在一个198块的套装和一个258块的套装上犹豫不下，不知道如何选择。

推销员见小慧不知道如何抉择，便说，小姐，我不瞒您说，您看这个198块的是便宜一些，可里面的东西和258块的套装差不多，我跟您说实话，它为什么便宜，因为这个套装里加了果酸，果酸对皮肤有刺激性，咱们厂家第一批研制的，就做了一批，卖完就不生产了，这就是为什么它卖得这么便宜。

小慧一听这话，心想连推销员都这么说了，便立即买了一个258块的套装，心里还美滋滋的，可是回到家一试，这个产品倒是也没什么副作用，可也没什么效果，不久就被她扔掉了。

当你听信推销员的话，购买了促销产品，或是新上市的全新功能产品，以为自己占了便宜，实际上却是实实在在吃了亏。可是，你觉得自己当时挺警惕的啊，怎么还是被推销员忽悠住了呢？其实，推销员已经利用他的技巧，拉进了你们之间的距离。他们究竟用了哪些"攻心术"呢？主要有以下几点。

一、自曝家丑。如果你碰到过几个推销员，你就会发现这些推销员都会讲一些自己家东西的缺点，这一曝光，立即拉近了他们和消费者的心，好像他们不仅仅是一个推销员，还是一个有着和你一样生活经历的普通人。当然了，他们怎么会真正地曝光自己产品的缺点呢，曝光这一款，是为了让你买另一款利润更高的；曝光厂家将要涨价的想法，是为了让你立即买下等等，这都是一系列的阴谋。

二、诋毁同款产品。这是推销员常用的伎俩，推销员在推销的过程中当然要想尽办法突出自己家产品的优点，如何凸显这些优点呢？红花需要绿叶来配，自然是需要别家产品来衬托自己家的产品了。

三、总是说"咱们"。推销员惯用的语言就是"咱们"。为什么说"咱们"呢？你想想看，什么样的人才会和你自称"咱们"？当然是和自己关系很好的人了。推销员一口一个"咱们"地说着，不知不觉地就会让你把她当作自己人了，不知不觉间也就掉入了她的陷阱，购买她向你推销的产品。

四、及时收官。偶尔你会发现，当你已经决定购买推销员推荐的一些产品，想要再看看其他的产品时，推销员会制止你，她会和你说买的这些够你用的了，或者是你先试试，要是好再买这些，一般情况下，她绝不会再向你推荐另外的了。这是为什么呢？没错，这是攻心术的收官。当你想要看其他的产品时，她就要向你介绍了，该怎么介绍呢？恐怕还是像刚才一样，可是话多说了，反而容易出错，再加上两款产品可能有互相矛盾的地方，如果她还继续介绍，可能会让你发现破绽，已经决定购买的也会放弃购买，岂不是赔了夫人又折兵。如果她及时收官，让你停止购买，这更会让你觉得推销员是"自己人"，更会坚定你要购买的想法。下次，说不定你还会买她的产品。

看见了吗？轻松地说几句"咱们"，爆一下"家丑"，一下子就拉近了推销员和你的距离，再加上及时地收官，你便成为了她的顾客，说不定还在不停地和她说谢谢呢。

在这些推销员精良的技巧下，你一步一步走入了她们设下的陷阱。

其实，只要你理智一些，你就可以抵挡这些推销员的推销。坚定自己的想法，想要购买什么样的产品一定要坚定，不能动摇，任推销员磨破嘴皮子，也不要动摇自己的想法。还有，那就是不要听她说的，而是自己多看，很多产品都有产品介绍，她说出来的未必和介绍上说的是一样的，就拿护肤品来说，你多看一下产品成份，可能就会看出问题。如果觉得不适合，放下产品立即就走。那么如何应对推销员的"咱们"呢，多说"你们"就可以了，你这样会把推销员推得很远，说一会儿，她们可能就不好意思说出口和你套近乎的话了。

广大的女性同胞们，别被推销员的伎俩欺骗了，要知道自己的钱也不是大风刮来的，买东西还是多一些理智吧。

魔高一尺，道高一丈：推销术语的绝妙应对

生活中，我们经常会遇到推销员，他们可真是伶牙俐齿，明明你有十足的戒备心，却还是被说晕了头，然后不顾一切购买了他们向你推销的商品。这些做推销或者导购的人员都是经过专业培训的，而且他们的工资是和业绩挂钩的，自然会不惜一切手段来促使你购买他们的商品。据悉，这些推销员或者导购员在经过专业培训时，都会背下一系列的推销术语，那么，我们就见招拆招，一起来看看面对这些推销员和导购员的"甜言蜜语"，我们该如何应对。

第一、喜欢的话可以试一下。

一般来说，几乎所有的推销员和导购员都会让消费者进行尝试，这个尝试过程是很有效的，一旦有尝试就可能产生销售。当推销员和导购员极力推荐你试一下的时候，你就应该表现出一副无所谓的态度，让自己看上去很冷漠，坚决不做尝试。当推销员和导购员感觉你对商品并不是很感兴趣的时候，他们也是很识趣的，既然你不喜欢，那必定还会有喜欢的人，所以，他们不会再在你身上浪费时间。

第二、不停地夸奖你和你尝试的商品。

有些时候，你禁不住诱惑做了尝试。这个时候，他们就会不停地夸奖你，说这件商品是多么地符合你的气质，简直就是为了你而制造的，顺便还会夸赞这个商品是多么地好，多么地特别。这个时候，你很有可能在他们"甜言蜜语"的围攻下败下阵来。其实，这个时候你只要不听信他们的话，就可以摆脱他们。

第三、列举某某大牌明星。

不得不说现在的明星效应被运用得是越来越广了，很多推销员在推销的时候，都会说：有很多明星都很喜欢我们家的产品。面对这类推销，如果这种商品的价钱高昂，

你大可以说明星都是赚大钱的，我们平民百姓怎么用得起呢？如果这种商品价钱低廉，你也大可以说明星用这个啊，太掉价了吧。当推销员拿物美价廉做文章的时候，你可以反问推销员，他用不用这种产品。然后再根据推销员的回答见招拆招，总之，当目光转移到他身上的时候，他们会十分慌张，就容易说实话了。

第四、如果不能……，我就……。

这是很多推销员喜欢说的话，一般来说都十分夸张，"如果不能让您变白，我就把自己的皮肤染黑""如果功能没有那么好，我就给您免费送十台""如果效果达不到的话，赔偿您几十万块"等等。有很多消费者就被这些夸张的承诺忽悠住了。其实，他们说得越夸张，越证明他们的心虚。这个时候你大可以用幽默的手段回绝，比如说"我是混血，天生就是黑皮肤""功能要不好，我要那么多还是功能不好，有什么用呢""你要是这样赔偿我肯定让这效果达不到啊"。机智幽默的回答，可以打消推销员那股嚣张的气焰，让他们知道你也不是好惹的。

第五、拼命打听你的资料。

很多推销员是以套取顾客资料开始的，让人觉得这是为他们量身打造的，也体现了一种个性和人性化。在推销员拼命打听你的资料时，你也可以幽默的方式作为回答，或者是比较笼统的概念作为回答，让他们摸不着头脑，也就不好再进行打算了。比如说推销员问你的住址，你大可幽默地说我住在地球，问你喜欢颜色，你大可说都喜欢。总之，不能让他们得到你太确切的资料。

第六、专业知识讲解。

很多推销员为了表示自己的专业性，经常会搞一些普通大众不知道的名词出来，好像自己就是专家一样。其实，如果商品真的好，那必定会寻找最通俗的讲解方法，让人一听就能明白。所以，当遇到这一类的专业知识讲解时，一定要使用否定的方法来应对。你可以说，"我以前听说好像不是这样的""我有一个朋友是做这方面的专家，他讲的和你不一样""我在网上查资料，和你的正相反呢"等等，如果推销员的专业知识是真的，那么他们肯定不会慌张，而是从容地回答你的问题。如果他们表现得十分慌张，或者是语无伦次避开你的话题时，那说明他们心里有鬼，你就完全不用理会他们的说辞了。

推销是一门学问，反推销也是一门学问，在和这些推销人员做斗争的时候，我们一定要保持自己的镇定，不能被他们的"花言巧语"所欺骗。当然了，也不乏一些确实不错的新产品上市，是采取推销的方式进行的，但是，这一类真正好的商品是绝对不会夸大其词，套用推销术语，让消费者吃亏上当的。记住一点，推销员说的话不能全信，也不能全不信，凭借推销员的反应，来判定他们的产品究竟值不值得你购买。

打折与返券，你怎么选？

打折，促销，降价，女人们当然喜欢了。但是，近些年来，商家促销的手段越来越多，比较常用的是打折和返券，这时很多消费者就比较迟疑了，究竟是打折要实惠一些呢？还是返券更能让自己省钱？

茗茗就遇到了这类问题的困扰，圣诞节到了，商场里的促销力度很大。她到了一家服装店里，看中了一件 320 元的外套和一件 200 元的毛衣，两件衣服加起来原价是 520 块，因为现在做活动，消费者有两种选择，第一就是两件衣服全部打八折，第二就是参加返券的活动，满 300 返 150，满 500 返 300。茗茗看到其他人差不多都选择了打折，她也懒得计算，于是就选择了打折，可回到家里，她的老公帮她计算了一下，发现打折亏了。因为茗茗选择两件衣服打八折的话，最后花的钱是 416 块，而如果她选择让那件外套参与返券，返回的 150 元再用来购买毛衣，这样的话，最后花的钱是 370 块。

根据调查显示，大部分人会选择打折，在人们的潜意识里似乎打折更能让自己省钱。心理学家认为，人们对失去身边的东西比意外获得一些东西要更加敏感一些，也就是说同样 100 块，同样的一个人，如果丢了 100 块，会十分痛苦，如果捡了 100 块，虽然会开心，但是开心的程度远没有痛苦的程度大。打折就好像是消费者少付出了一部分钱，而返券则是多赠送了一些东西，如果两者的金额相等或是相近，消费者们对于少付出了一部分钱还是有比较大的感受的，所以，消费者都比较喜欢打折。

正因为如此，很多商家才开始在促销中的打折和返券寻找商机，许多商家抓住消费者的这些心理，故意将折扣减小，然后返券还是维持原样。选择打折，在消费者自己看来，自己少花了钱，也避免了返券之后再买东西花钱，而商家才是真正开心的时候呢，因为他们通过这样的安排，又多赚了消费者的钱。

那么，打折和返券究竟应该如何选择呢？

其实，这个问题并不难，选择打折和返券并不是固定的，要根据商家给出的条件以及自己的需求来决定。

如果自己需要购买的商品并不多且金额很小，那就没必要为了返券而购买更多的东西，在这样的情况下应选择打折。当收银员不断诱惑你，满多少元可以返券多少元的话，你千万要坚持自己的立场，否则只会花出去更多的钱。

如果自己购买的商品都是大件，也就是一些价钱较高的商品，这些商品通常都满足返券的条件，而且返券也比较多。当你想要选择返券的时候，还是需要计算一下的。看看到底是返券得到的折扣大，还是直接打折得到的折扣大。

很多商家在推出返券活动时，通常分为好几个层次，满100返100，满200返200，满300返300等等，在这个时候，一定要记得，因为许多代金券都是不找零的，所以，返券越低对于你来说，享受的折扣越低，也就是说如果有满100返100和满200返200，一定是后者更加划算。

购买商品时一般都会有反复返券的问题出现，很多人为了不浪费这些返券而反复购买商品，这样其实是在多花钱。遇到这种情况，应该选择用价格高的商品返回来的代金券，去购买价格低的商品。就像上文中的茗茗，先买320的外套，用返回来的代金券购买200块的毛衣，这样才是最划算的。一定注意千万不能因为代金券多了，而去多购买商品，多出来的代金券不一定非要花掉，可以做个人情送人。

在购物时，商家一般都会为商品分类，有的商品可以满100返100，而有的商品却只能满100返50，在这种情况下就要先购买返券多的商品，然后再用返回来的代金券购买返券低的商品。比如说你同时看上了两件衣服，一件衣服180，可以参加满100返100活动，另一件衣服120，可以参加满100返50活动，如果先买120的衣服返回50代金券，再购买180的衣服，一共花费了250，而如果先买180的衣服，再购买120的衣服，则最后花费200。所以，还是选择返券高的商品比较划算。

打折，返券，无非都是商家制造出来的促销手段，作为消费者要想从中获得真正的实惠和划算，就应该仔细计算一下，不要盲目跟风购买商品，更不要为了返券而购买自己不需要的商品。否则，自己多花了钱，买回了一堆不需要的商品，还是自己吃亏。理性购物，真正了解自己需要的是什么，不要被商家的促销障眼法欺骗，才能守住自己钱包里的钱。

Chapter **4**

钱不发光则发霉：
女人投资心理学

随着投资市场的热度越来越高，有一句话慢慢成为了人们的至理名言：你不理财，财不理你。所以，钱不发光则发霉，女人真的应该懂一些投资心理学了。无论是为了家庭，还是为了自己，多懂一些投资知识终究是好的。投资，不是为了一夜暴富，更不是为了名车豪宅，而是为了能够让自己现在的生活改善的更好一些。

没有一种投资叫做"稳赚不赔"

面对投资，很多女人的观点都是不正确的。有些女人认为投资是男人应该做的事，女人负责花钱就可以了；有些女人认为自己是女人家，学什么投资，把钱存在银行吃利息就完了；有些女人则认为投资都是有风险的，多少人因为投资失败而倾家荡产，所以她们宁肯把钱存到发霉也不愿意投资；有些女人则认为投资都是稳赚不赔的，投的多，赚得多……

其实，女人也应该学一些投资理财的知识，也应当尝试理解一下投资到底是一个什么样的概念。正所谓你不理财，财不理你，如果你们的生活水平一直十分稳定，有一些比较闲散的资金，完全可以尝试一下投资理财。但是，需要提醒你的是，世界上没有一种投资叫做"稳赚不赔"，也就是说世界上的投资都是风险的，无论你投资什么，都不能避免亏损，当然，你也许运气比较好，会一直盈利，但是这并不代表投资没有风险。

大部分女人不愿意投资，是因为心理存在障碍，害怕亏损，即便是看到别人投资不断盈利，也是站在市场门口保持观望态度。没有一种投资叫"稳赚不赔"，之所以有盈利，是因为你敢于承担风险。所以，在这里先为大家介绍一下风险和回报。"高风险，高回报"，想必一些资深投资者都已经十分清楚这句话了，也就是说风险越高，其最后的回报就有可能越高。不管一个人投了多少资金，风险是不可避免的，有可能赔的血本无归，有可能赚得盆钵全满，这都是不一定的。所以，投资者应该根据自己的自身情况来选择合适的投资。

那么，做为一个投资者，应该注意哪些情况呢？

第一，怀疑市场。很多人在投资亏损之后，开始怀疑市场是不是出了问题，并没有从自身寻找原因。实际上，市场是最不稳定的因素，下一秒钟发生什么样的变化，谁也不能知晓。倘若市场一成不变，那人人岂不是都要发财了。不要怀疑市场，多从自己身上寻找原因，有可能是你在分析问题上出了差错，才导致了亏损。

第二、从来不想亏损之后会怎样。这是投资者的大忌讳。要知道只有付出了才会有收获，只有承担了风险，才能获得收益。有些人从来不想如果亏损了会怎样，只想着自己这一次赚了大钱要买些什么，结果真的亏损了，使得自己手足无措。很多人正是从不想自己亏损之后会怎样，结果一夜之间倾家荡产，心理压力太大，一下子就精神失常了。在决定投资之前，一定要想好，如果亏损，以自己的经济实力能不能承担，如果不能承担，那就不要投资。为自己界定亏损是十分重要的，千万不要忘掉这个环节。

第三、犹豫不决。很多人在投资前，迟迟不敢下手，总担心如果亏损了怎么办，自己辛辛苦苦赚的钱全都打水漂了，结果别人抢先投资了，赚了一大笔，自己后悔不已。而有些人明明发现市场的形势对自己的投资很不利，却想着说不定过几天亏损就变成盈利了，犹豫再犹豫，迟迟不肯下手最终亏损了一大笔，自己又是后悔不已。市场是很残酷的，它不会给你弥补的机会，有些机会真的只有一次，你错过了就是错过了。所以，有些时候，要善于抓住时机，不能让机会随意在眼前溜走。

第四、获利后，自我陶醉。很多投资者或许天生运气就比别人好，连续几次投资，都赚了，这个时候，不少投资者会觉得自己有些飘飘然了，也许自己天生就适合投资吧，投什么赢什么。于是投资者开始自我陶醉，自我欣赏，认为只要自己投资，就一定会盈利，完全忘记了投资的风险性，最后全亏损了。市场中是没有投资的天才的，除非这世界上有先知，能预知未来的市场是如何变化的，否则谁也不能保证投资必定盈利。如果连续盈利，只能说明自己运气好，把握市场较准确，但是接下来的投资也是需要注意风险性的，因为老天爷并没有给你超能力。

对于投资来说，可能女人要比男人更为有优势，女人的心思缜密，会分析得更为透彻一些，因为家庭的责任感，也让女人不会冒着倾家荡产的危险去投资。所以，女人还是多了解一些投资理财的知识吧。说不定什么时候，自己也能投资一把，好好的赚上一笔。但是，还是那句话：市场有风险，投资需谨慎。世界上没有一种投资叫做"稳赚不赔"，在你决定投资之前，还是做好能够承担风险的准备吧。

投资成败，差别往往在于心态的不同

成功投资靠的是什么？有人说是运气，运气好的话，可以赚到房子和车子；也有人说是能力，准确预测市场走向才能一本万利；还有人说是市场，赶上了市场走向好，怎么样都能赚，市场不乐观，怎么样都会赔。对于投资成功靠什么，真是众说纷纭，莫衷一是。其实，投资成败靠的是心态。

有的人想要依靠投资发家致富，将自己所有的积蓄都拿出来，总幻想着这些钱一变百、百变千，自己一下子就跨入了有钱人的行列。可是，现实和梦想往往是有差别的，每当抱有很大的期望时，这些期望总是会落空，不但没能跨入有钱人的行列，还会让自己的积蓄化为乌有。而有的人从一开始进入投资市场时就没怎么当回事，盈利也好，亏损也罢，都随市场吧。盈利了自然欢喜，亏损了也没关系，不影响自己的生活质量，就当是吃一堑长一智。正是抱着这样的心态，这部分人不知不觉就盈利了，甚至盈利到令人眼红的地步。你看，这就是心态不同导致得到的投资结果不同。

所以，投资需要的是一颗平常心。你需要平和的心态。

平和心告诉你，亏损时不气馁。即便是亏损，也不会令你的情绪有多么大地波动，这对于未来的投资是十分重要的。正因为你不受到这一次亏损的影响，你才能对下一次的投资做出正确的判断和决定。有些人正是因为受到亏损的影响太大，下一次投资时，要么意气用事，要么就是抱着不成功便成仁的心态，结果一下子亏的再也无法翻身了。所以，要保持平和心态，不气馁，不愤怒。只有在心态平和的状态下，才不会影响你对市场做判断。

平和心告诉你，盈利时不骄傲。一颗平常心会让你全身心都保持平衡。即便是盈利了，也依旧保持清醒的头脑，不骄傲，更不狂妄。有些人一次盈利，就开始飘飘然了，使劲追加投资，结果一下子全都亏损了；有些人觉得自己盈利了，似乎自己就是有投资的天赋，十分相信自己的直觉，结果一次判断失误全都亏了。盈利了，更应该保持一个清醒的头脑。没有人会一直盈利下去的。

平和心告诉你，不追逐潮流。一颗平常心会让你在潮流面前保持定力。即便是所有人都说投资这个项目可以发大财的时候，你也能够冷静分析，不盲目跟随。有些人十分喜爱追随潮流，别人做什么自己就做什么，看见这个项目盈利了，急忙把积蓄拿出来投资这个项目，结果最后还是亏损。所以，在潮流面前，应当保持定力，不盲目跟随，先仔细分析，作出判断，再做出最后的选择。

有人说了，那些人当然不在乎，因为他们是有钱人，这些钱能不能盈利对于他们来说无所谓，而且他们有足够的钱可以翻身。其实，并不是这样的。能够拿出这样心态投资的人，并不一定都是有钱人。也有那么一些人，他们工作稳定，有一定的积蓄，于是在保证自己生活质量不受影响的前提下，开始进行投资。对于投资市场，他们拥有一颗平常心，自己的这部分积蓄能盈利最好，可以让自己的生活质量再上升一个台阶，没有盈利也没有太大的关系，毕竟现在的生活质量也让自己挺满意的。所以，自己投资的亏损与否，都无所谓。他们真的保持了一颗平常心，不会太去在意得失。恰恰是他们这样的平常心，促使他们在投资市场中一次又一次的盈利。

大部分人都无法立于有钱人的行列，相信当你想要去投资市场碰碰运气的时候，都是生活过得去，不愁吃不愁穿，只是有些闲钱想改善一下自己的生活质量而已。如果你真的有这样的想法，那不如就保持一颗平常心。这颗平常心虽然不能保证你一直盈利，但是最起码可以保证你有一个积极乐观的心态，有一个积极向上的信念。你不会因为亏损而过度沮丧，从而丧失对未来投资的信心，更不会因为盈利而过度开心，一下子自信爆棚，丧失对投资市场的判断能力。

保持一颗平常心吧，在投资市场中，这是十分必要的。

为什么投资者偏爱冷门

在投资市场中,经过调查可以发现,许多投资者经常会偏爱一些冷门,越是热门的投资,他们越不会选择,而是选择无人问津的投资。这似乎令人觉得不可思议,可事实就是偏爱冷门的投资者越来越多,似乎冷门中才孕育着财富。

在探究这种投资心理之前,先让我们看看什么是冷门。冷门是相对于热门而言的,冷门一般不受关注,如果爆冷,就说明有出人意料的结果。冷门一词最早就出现在赌博中,人们在押筹码的时候,往往选择那些最有潜力的,于是就会出现热门。而那些不被人看好的就成为冷门。

小丽自从喜欢上投资之后,每天都研究投资市场的走向。后来,听人家说冷门投资收益高,她便也开始研究冷门。什么没人投资,她就投资什么。越是没人投资的,她就越是喜欢,总想着能从冷门中捞得第一桶金,可谁知,她钟爱的冷门从来都没有赚过钱,不仅如此,她把自己的家底都搭上了。近期又听新闻上说什么股票爆冷,结果一个农民赚得满堂彩。她又来了精神,又开始专注于冷门了。

投资者为什么在投资的时候偏偏喜欢冷门呢?最早偏爱冷门出现在赌马场上,如果投注热门的马,即便是最后胜利了,因为投注的人太多,最后赚的钱也不多。而如果投注冷门的马,最后胜利的话,因为有较少的人押注,最后赚的钱就会多得多。所以,人们甘愿冒着风险去投注冷门马,在50年前,美国、英国和澳大利亚等地就出现了这种偏爱冷门的现象。但是,实际上,经过精确地计算可以知道,押注冷门马每一美元会亏损60美分,而押注热门马,每一美元仅仅亏损5美分,如此看来,虽然押注冷门马赚得多,可亏损的也会多得多。所以,押注冷门马,不仅仅胜算很低,极有可能让你输的倾家荡产。

投资者和赌马者有很大的共同点。大家都偏爱冷门，这说明大家都偏好风险，认为高风险高回报，所承担的风险越大，将来获得的回报就会越大。只是大家忘了，一旦亏损，自己失去的也会更多。

尤其是，现在许多媒体新闻上都在报道，某某股票爆冷，某某投资爆冷，再加上对一些冷门投资人的采访，这些人因为爆冷赚了多少钱。网络上就曾经报道，一个农民工专门投资垃圾股，结果有一次垃圾股真的翻了身，让他大赚特赚了一笔。记者在采访他的时候，他就说自己对于没人理会的垃圾股十分偏爱，他相信垃圾里也有宝贝，于是一直投资垃圾股。结果就一次，让他赚了一大笔。大家看到这些报道的时候，就又一窝蜂地开始进行冷门的研究，开始进行冷门投资。

可是，大家有没有想过，热门为什么是热门，冷门为什么是冷门呢？热门之所以成为热门是因为经过多重的分析之后，大家认为这些是最有潜力的，也就是说在未来的市场中，这些是最有可能有发展前景的。而冷门的，自然是经过多重分析之后，认为没有潜力的，它们在未来的市场中没有优势，所以，成为了冷门。至于为什么会出现爆冷现象？这是因为市场是瞬息万变的，大家都没有预测未来的能力，只能做出一个大概的估计，之所以出现爆冷，是因为某种突然事件的冲击，或是某种因素，人们在预测中并没有考虑进来。虽然，一次爆冷可以让许多人赚钱，但是，爆冷的次数多吗？有人说很多啊，电视里经常报道这个爆冷那个爆冷。其实，爆冷的次数并不多，你之所以觉得爆冷的次数多，是因为媒体和你一样，喜欢爆冷。不爆冷的事件简直太多了，怎么可能称之为新闻呢，而爆冷的次数太少，所以媒体才喜欢报道，认为这才是新闻。这就好像病人生病了去医院，是很正常的事情，不能算是新闻，而如果病人生病了去火葬场，可就成了大新闻。

人们偏爱冷门，和媒体的导向也是有一定的关系的，高回报就意味着高风险，投资冷门虽说会有高回报，可是投资冷门，也冒着高风险。况且，当所有人都偏爱冷门的时候，冷门也就成为了热门，就好像高考报志愿一样，这所学校被划定为冷门，很多人都来报考，因为录取的希望较大，当报考的人多了，这所学校也就成为了热门，录取的希望就会慢慢变小。冷门也是如此，投资冷门的多了，冷门也就变成了热门。如此一来，即便是冷门真的爆冷，你的收益也不会好到哪里去的，而如果亏损，你的亏损依然很高。

　　投资者们，当你们想要进行冷门投资，想要在冷门中捞得第一桶金的时候，一定不要忘了，这可是一件十分有风险的事情，当你做着发财梦的同时，有可能会让你一败涂地。不要对冷门执迷不悟了，想要在投资市场中捞得第一桶金，还是老老实实、本本分分研究市场走向，再做出投资的决策吧。

别让直觉毁了你的投资

张小姐自称天生就属于投资市场,对于市场的走向,她的直觉非常灵验。张小姐为何如此狂妄,这还得益于她第一次进入投资市场时的情景。张小姐三十出头,一直没有结婚,所有人都称她为单身贵族,没错,张小姐有一份十分不错的工作,近几年来,她自己也是小有积蓄。很多人劝她搞投资,近些年投资市场收益不错,她也就心动了。第一次进入投资市场,张小姐既紧张又兴奋,她从众多投资中选中了自己中意的一个,就在最后关头,她的直觉告诉她,这个投资会亏损,她果断放弃又选择了另一个。结果这一次就让她赚了一百万。张小姐在感叹有惊无险之余,认定自己的直觉是灵验的。这一次之后,很多亲戚朋友都认为张小姐的直觉是很灵验的,都跟着她进行投资。可接下来的几次,张小姐并没有大家认为的那么神。几次凭直觉投资,她都有亏损,虽说亏损不大,可家底也慢慢见底了。这让张小姐十分郁闷,可她依旧相信自己的直觉,依旧凭直觉进行投资。

很多人和张小姐一样,不愿意对市场进行研究,总是凭着自己的直觉来进行投资,偶尔确实可以盈利不少,可更多的是亏损。很多人认为直觉是存在的。其实,这话不假,世界上真的存在"直觉"这种东西。在人类进化过程中,因为对环境的慢慢适应,于是就产生了直觉。在今天的许多领域中,直觉都是很有用的。比如说一些经验丰富的登山者,当他们的直觉告诉他们山上有可能发生雪崩时,他们绝对不会上山;再比如当你在一条十分黑暗的地方行走时,忽然觉得心里有些焦躁,这个时候你的直觉也在向你发出警报,这里有危险。

于是,你可能会说,你看直觉是有作用的吧?别着急,那些登山者的直觉并不一定每次都是准确的,他们预感山上情况不妙,可发生雪崩的几率并不大。而你的直觉告诉你这里有危险的时候，很有可能只是你自己因为黑暗而紧张罢了，危险并不存在。

投资者需要注意了，别让直觉毁了你的投资。有些人太迷信自己的直觉了，仿佛自己有超能力一般，总是跟着自己的感觉走，而不是跟着市场走，结果导致自己一败涂地。当市场上的价格不断上涨时，很多人的直觉会告诉他们，价格只会不断上涨，不会下降。于是许多投资者纷纷前来进行投资，把价格推到了一个令人难以想象的高度，可结果呢？导致了金融泡沫的破灭，许多人的投资梦也由此破灭了。不要盲目轻信自己的直觉，有时候直觉是会骗人的，那并不是超能力，而只是一种错误的感觉罢了。如果你一味相信这种"超能力"，你最终也会被这种"超能力"毁掉的。

那么，如何才能防止直觉毁坏自己的投资呢？

首先，应当自学金融知识。很多人认为金融知识太过于繁琐，太麻烦，还是相信直觉比较方便，可是，你进入投资市场是为了方便还是为了赚钱呢？答案必定是后者。所以，金融知识不得不学。自学金融知识，可以让你对金融有更新的认识，会推动你做出正确的投资决策。一个投资者，不能不懂金融知识，盲目地跟风，或是相信直觉的投资，或许会因为运气有那么一两次盈利，可最终还是会走向亏损的，因为你不可能幸运一辈子。多学点儿金融知识总是好的，总比什么都不会，只相信自己的感觉强上百倍。

其次，求助于金融顾问。很多人认为金融顾问的存在分明就是为了赚钱。但是正所谓周瑜打黄盖，一个愿打一个愿挨，金融顾问是为了赚钱不假，但是他们可以帮助别人赚钱这也不假。金融顾问最大的好处，体现在心理价值上，他们可以避免我们因为直觉错误而进行错误投资的陷阱中。你可能觉得金融顾问是骗人的，但是他们在某些时候确实可以拉住你，不让你的直觉毁掉你的投资。所以，偶尔是可以求助于金融顾问的，他们的金融知识更丰富一些，且他们长期在这个圈子里活动，对于市场的把控也是比较不错的。

还有，建立一个属于自己的讨论组。一个人投资赚钱，不如许多人一起投资赚钱，每个人对投资市场的理解都是不一样的。当大家聚集在一起，集思广益的时候，很有可能对市场看得更广阔一些。有这样一个讨论组，可以进行金融的讨论，大家一起商讨市场的走向，未尝不是一件好事。

不要盲目相信自己的直觉，当然了，偶尔直觉也是有一定的作用的，就好像张小姐在直觉的影响下，果断抛弃了第一种投资，而选择了第二种。但是，很多时候直觉是不准确的，可能十次有那么一两次是准确的。所以，在投资时，不要轻信自己的直觉，先要对市场进行较为深入的分析，再来判定自己的投资决策。假使自己的某种直觉十分强烈，那还是可以相信一次直觉的。

想一口吃成胖子，容易被噎着

是什么让你开始把目光转向投资市场了呢？是因为看到自己的朋友进行投资，结果一夜暴富？是因为电视新闻上说收入稳定的家庭进行投资，能够给家庭的稳定收入添光加彩？是因为自己手里握着一把闲钱，不知道做些什么？还是因为银行利息不断降低，存在银行里的钱也缩水了？恐怕这些原因都有。因此，人们在进入投资市场的时候，就是抱着赚钱的目的来的，甚至有的人更是希望能够一夜跨入有钱人的行列。可是，想要一口吃成胖子的人太多了，一口能吃成胖子吗？这个道理谁都知道，不能。

珊雅三十五岁了，自己和老公的工作十分稳定，每月固定收入有两万有余，孩子已经上小学了，也慢慢开始松心了。两个人的收入每月除了固定开支之外，都能省下一万多，这些钱以前都是由珊雅存在银行里的。可近几年来，经济不景气，银行接二连三下调银行利息。珊雅的同学就劝珊雅说，存银行才几个利息，不如投资来钱快呢。珊雅也打听了一下，现在的投资市场的确挺火的，很多人都不把钱存银行了，而是拿出来投资。于是，珊雅心动了，也打算把自己的钱拿出一部分来进行投资。珊雅和自己的老公商量了一下，在研究了一个多星期的投资市场之后，也开始进行投资了。

或许是因为幸运，珊雅和老公选中的那只股票接二连三上涨，这让珊雅和老公十分欣喜。珊雅初步算了一下，就几天的功夫已经赚了一万多了，这可比银行利息高多了！过了几天，珊雅决定把自己存在银行里的十万拿出来，追加投资。珊雅的老公不同意，毕竟这笔钱不小，万一赔了可就坏了。珊雅不听，坚持把钱全都投了进去。可是，没想到的是十万块投进去之后，股票涨了几天，可之后就开始下跌，一直跌到比原来低很多的价钱。珊雅整个人都傻掉了，真是后悔当初，不该把钱都投进去。

珊雅在投资市场里犯了投资的大忌：贪婪。贪，本义是爱财。婪，本义是爱食。贪婪合在一起就是贪得无厌，意思是说对一个与自己力量不相称的目标过分地追求。人人都有贪婪心理。其实，贪婪心理是一种病态心理，与正常的欲望相比，贪婪是没有满足的，越满足，胃口就越大。在投资市场中，一定要根除贪婪心理，否则会败得很惨的。那么，如何根除自己的贪婪心理呢？

一、见好就收。很多人在进入投资市场时都抱着一夜暴富的心态，有的人甚至就想靠着投资白手起家。看到自己的投资有收益时，心跳加速，恨不得它的收益能高出几百个百分点去，于是不停追加投资，或是坚决不收手，要它继续涨上去。可是，事情往往向着人们不希望的那个方向发展，投资追加了，结果却接连暴跌，一直跌到了谷底。所以，见好就收是投资市场中的诀窍。看到涨上来，及时收手，保住了自己的收益。或许你会说，万一它还会涨，自己不就亏了吗？亏？为什么会亏呢？很多人把自己赚的少称之为亏，这种思想是完全错误的。相比自己的最初，自己明明就是赚了，怎么会是亏了呢？正所谓小赌怡情，大赌伤身，何必和自己过不去呢？见好就收吧！要知道你不可能永远都是走上坡路的，当你走到了坡顶，你就该走下坡路了。

二、术业有专攻。正是因为太想要盈利了，很多人都采取撒大网的方式，各种投资，雨露均沾。大家的心思很明确，不可能所有的投资都赔钱吧，只要有一个是赚钱的，那自己就赚钱了。可是，这样一来，自己需要撒多大的网呢？正所谓术业有专攻，面对你不知道的领域，你去进行投资，可不是白送钱吗？即便是投资了好几个，有一两个盈利的，可你投资的另外那些却赔钱，你也是赚不来多少的。何不专注于一个领域，只研究自己擅长的项目，然后再进行投资呢？这样，赔的几率会小很多，赚的话也赚得多一些。

说起来简单，做起来困难，很多人都知道这样的道理，可是当自己真正碰到这些问题的时候，根本没办法控制自己。当自己的股票开始不断上涨的时候，任何人肯定都不会及时撤出股票，只收取现在的利益。可是，想想看，股票还能一直涨下去吧？不能，我们应当把目光放得长远一些，不要紧盯住这些利益不放。正所谓贪小便宜吃大亏，现在可能有一些盈利，可是倘若太贪婪，将来亏损的会更多。

可以教大家一个简单的方法，给自己的收益设定一个上限，当自己的收益达到这个上限的时候，就及时收手，然后筹备下一次的投资。你可能会觉得有些好笑，哪有人会嫌自己赚的钱多呢，当然是上不封顶了。可是别忘了，回报是对风险的补偿，你承担着如此巨大的风险，将来可是未知数呢。别执迷不悟了，给自己设定一个上限吧，当自己赚足了这么多，就够了，见好就收，知足常乐嘛。

女人不善"止损"的四个原因

投资是很难避免亏损的,而相比男人来说,女人更不擅长止损。什么是止损呢?止损又叫"割肉",是指当投资过程中出现亏损,且亏损到达了预订的数额时,为了避免出现更大的亏损,能够及时斩仓出局,将损失降到最低点。对于一个投资者来说,止损是非常重要的。一些专业人士用鳄鱼法则来说明止损的重要性。假设有一只鳄鱼咬住了你的脚,如果你使用自己的双手去帮助自己的脚来脱困,那么鳄鱼就有可能咬住你的手和脚。你越是要挣扎,你被咬住的地方就越多。所以,如果真的被鳄鱼咬住了脚,唯一的办法就是牺牲自己被咬住的那只脚,免得把自己整个人都搭进去了。所以在投资过程中,鳄鱼法则告诉你的就是,发现自己背离了市场,就一定要及时止损,否则只能越来越亏。虽然说用鳄鱼法则来形容投资有些恐怖,可是投资市场就是十分恐怖和残酷的,赢的话可能让你腰缠万贯,输的话可能让你倾家荡产。

那么,为什么投资当中的女人不善于止损呢?究其根本有四个原因。

原因一:侥幸心理。

当知道自己的投资已经出现亏损的时候,很多女人都存在一种侥幸心理,说不定明天就停止亏损了,说不定过几天又可以盈利了,说不定亏损只是一个表象,最终还是会盈利的。很多女人就抱着这样的侥幸心理,没有及时止损,这才造成了自己的亏损越来越大。或许女人们确实有过或者听见别人有过这样的经历,一开始的投资就是亏损的,坚持了一段时间又开始盈利了。但是,这毕竟是少数,为了避免自己的损失越来越大,还是不要存在这种侥幸心理,及时止损才是关键啊。

原因二:不甘心心态。

明知道自己已经出现亏损,或者明知道市场的趋势会使自己亏损越来越大,可女人就是不甘心。不甘心自己当初的选择是错误的，不甘心自己坚持的投资是亏损的，总之就是各种不甘心。对此，女人有一些"恨铁不成钢"的意思，这项投资越是亏损，女人越是不甘心，非要等它转为盈利不可。如此一来，也就错过了止损的关键时刻，最终造成自己的损失越来越大。正所谓君子报仇十年不晚，何必纠结于一时呢？你不甘心又能怎样，它该亏损的还是会亏损，所以，当看到市场趋势不妙的时候，还是应当把心态放平稳一些，及时止损，减少自己的损失，为以后的"报仇"寻找更好的机会。在投资市场中，没有什么甘心不甘心的，别太意气用事，否则最后吃亏的还是自己。

原因三：无所谓心态。

很多女人投资只是一时兴趣，并不会仔细钻研，仔细分析，当出现亏损的时候，不是想办法补救，而是采取无所谓的态度。很多女人心想反正已经亏了那么多了，看它还能亏到哪里去。于是，亏损越来越大，造成不可收拾的局面。其实，采取无所谓的态度，实际上是一种自我安慰和自我麻痹，更是一种逃避的行为。自我安慰和自我麻痹真的好吗？除非你是真的对自己辛辛苦苦赚来的钞票不在乎，否则还是不要自我安慰了。最后亏损的还是自己，这样做是毫无意义的。所以，当亏损到来的时候，及时止损才是最正确的选择。

原因四：放弃原则。

很多人一看到自己的投资进入亏损状态，直接就"破罐子破摔"，管它呢，直接就放弃了。结果亏损一直亏到了底，即便是想要挽救，也已经没有机会了。还是那句话，除非你真的对自己的钞票无所谓，否则你还是应该想办法补救的。

实际上，这四个原因是有一定递进关系的。首先当投资出现小幅度亏损时，人们在心理上往往存在侥幸，说不定过几天又开始盈利了，没能及时止损。等到亏损加大时，人们又不甘心，总觉得自己的选择是对的，坚持下去就一定能挽回损失，因此也没能及时止损。亏损继续加大的时候，人们看到这种状况，干脆就自我安慰一下，装作无所谓算了，也没有及时止损。最后，亏损已经降到最低了，又采取放弃的原则，放任自流，不管不顾了。

所以，在投资过程中，一定要善于止损，当发现自己的投资已经出现亏损时，就要开始仔细研究市场，看看市场的走向是不是正在走下坡路，如果觉得是，那就及时撤出，不要存在侥幸心理，更不要执迷不悟地认为自己的选择是正确的。否则，到最后后悔的人还是你。任何人的钱都不是大风刮来的，都是用自己勤劳的双手赚来的，不要对自己的钱采取无所谓的态度，更不要随随便便放弃自己的投资。

相信及时让亏损终止和继续亏损中，我们都会毫不犹豫地选择前者。或许你会说万一亏损只是一时的呢？最后又盈利了，那我更要后悔死了。这也没关系，最后盈利和亏损谁也说不好，回报是对风险的补偿，你及时撤出，选择规避风险，最后也就自然没有回报了。如果你坚持，也要仔细考虑一下，自己是不是真的可以承担这种风险。

投资是为了生活，生活不是为了投资

投资是为了什么？当把这个问题摆在许多女人面前的时候，她们竟然回答不上来，有人说投资是为了打发时间，有人说投资是为了不让自己的钱闲着，还有人说投资是为了追求潮流。实际上，投资是为了生活。难道不是吗？投资可以让自己的钱生钱，让自己的生活更加好一点儿，让家庭的整体条件有一个提升，这难道不是为了生活？可是，有一部分人却把投资和生活颠倒了，在她们看来，生活是为了投资。她们感觉自己就是为投资而生的，每天一睁眼就开始研究大盘的走向，每天闭眼前还是要看一眼大盘，涨了，兴奋地睡不着，降了，焦虑地更睡不着。整个人的生活都在围绕着投资转，这样的生活有意义吗？

女人，当你迈向投资市场的时候，一定要记住一句话：投资是为了更好地生活，但是生活绝不是为了投资。想要投资，拥有一个正确的心态是非常重要的。下面就让我们来一起看看，投资过程中应该具有哪些心态，才不至于让自己沦落到整个身心都围绕在投资的险境中。

首先，要克服自己的恐惧心理。现代社会中的人，经常会受到一些新闻的影响。新闻报道上经常说有的人投资亏了本，一下子疯了，有的人投资倾家荡产了，结果跳楼了等等。于是，很多人都害怕自己也成为新闻中的人物，所以，始终采取观望的态度。这个不敢投资，怕赔钱，那个不敢投资，怕赔钱。结果什么都投资不了。如果我们想要尝试进入投资市场，那就要克服自己的恐惧心理。

其次，不要急功近利。和那些前怕狼后怕虎的人形成鲜明对比的是，那些想要一口吃成胖子的人。太想要一口吃成胖子了，太想要一夜暴富了，结果亏得更厉害。在投资市场中，一夜暴富的人的确很多，可是，并不是所有人都有那样的运气的，想想看，要是谁投资都能成为百万富翁，那全世界谁不是百万富翁呢？别着急赚钱，先小试牛刀，探探路，研究一下投资市场，然后再开始慢慢进入状态。赚钱，不着急于一时，反而是心急吃不了热豆腐。

还有，克服自己的贪婪心理。看见自己的投资开始盈利了，恨不得它立即涨到天上去，好让自己一下子跨入富人的行列。可能吗？往往当你希望它涨上去的时候，它就落下去了。这究竟是为什么？实际上并不是它在和人们作对，而是当人们看到它涨上去的时候，由于人处于兴奋状态，已经忘记了它的风险，也不再关注它的趋势。如果这个时候及时叫停，自己是可以获得不少收益的，何必非要一口吃个胖子呢？贪婪是投资的大忌，一定要谨记。

最后，保持一颗平常心。什么是平常心？平常心就是要你放平自己的心态，看到有收益的时候，不贪婪，即时喊停；看到回落的时候，不恐惧，稳妥操作，不会因为有收益而过度兴奋，也不会因为亏损而过度悲伤。想想看，投资最需要的就是平常心。当初为什么要投资呢？不就是想可以改善一下自己的生活状态吗？因为手上有空闲出来的钱，所以拿这些钱来改善生活状态，最终选择了投资。如果没有收益，自己的生活保持常态也是不错的。所以，何必把投资的收益和亏损看得那么重要呢？放平心态，说不定你的投资也会跟着你的心态全然转好了。

投资需要的是良好的心态，需要的是良好的心理素质。除了以上需要注意的是，还需要大家有自信心、能正确评价自己、有独立判断的能力、热爱自己的行业。

有的人对自己并不自信，总是怀疑自己的选择，每天都是惴惴不安，害怕自己的选择是错误的，于是畏首畏尾，什么也不敢做。这一类人需要对自己自信一些，坚信自己对于这个领域的研究还是有一定成果的。

有些人和不自信的人正相反，他们太信任自己，总觉得自己的选择肯定是没错的，结果有了亏损，依然坚信自己的选择。其实，应该对自己有一个正确的评价，毕竟你也不是神仙，不可能预测到未来，应该多向别人请教，多分析，多研究，还要及时预测市场状况，免得一意孤行，输得倾家荡产。

很多人总是跟风进行投资，这一类人没有自己独立判断的能力，人家做这个，他也做这个，人家赚钱，他也赚钱，人家赔钱，他也跟着赔钱。总是跟在别人后面跑是不会有太大收益的。当看到有人跟风的时候，要先判定一下这个投资可靠不可靠，独立判断一下，否则亏损了，最终吃亏的还是自己。

很多人把投资当做自己的职业，其实这就犯了大错。投资做得再好，只能当做一个业余的职业，人还是应当热爱自己的本职工作，多在自己的行业里下功夫。如果把投资当职业，亏了本，连翻身的余地都没有，是很危险的。所以，还是把生活重心放在自己的本职工作上吧。

成功开店的心理历程

随着电商的火热，很多人萌生出开店的想法，现在在网上开店十分便利，不需要租金，不需要店面，只需要申请、上货、发货就可以了。尤其是女人，拥有自己的一家店简直成为了梦想。但是，毕竟是做生意，所以还需要慎重再慎重。想要将一家店开下去，有盈利，无论是网上店铺，还是实体店铺，都是需要有一个完好的心理素质的。下面就让我们看一看成功开店的心理历程吧。

第一，开店前准备是否充分。很多人说开店，一下就开了，结果赔的都找不到北了。选址不好，货源不好，这些开店前应该做足功课的地方都没有做好，一家店怎么会赚钱呢？一个人想要开店，想要靠这家店盈利，决不能只是一时冲动，抑或是一时兴起。开店前要做好多方面的准备，比如说先找好货源，和供货商谈好一切条件，再有就是选址，一个绝佳的位置对于这家店是否盈利是起到关键性作用的。开店前的准备是很考量一个人的心理素质的。这对于将来店面的盈利与否也至关重要。

第二，顶得住赔钱的心理压力。没有一家店开门便能盈利，几乎所有的店在一开始都是赔钱的。你能不能将店开下去，还要看你能否顶得住赔钱的心理压力。很多人坚持一段时间，因赔钱太厉害，不开了。而很多人虽然赔钱也在坚持，结果变成了十里八街都红火的店。当赔钱的时候，你要安慰自己，每家店开始都赔钱，只要货源没得说，加上一定的推销方法，坚持一两年，是不会不赚钱的。

第三，懂得变通的心态。一个店主能不能让自己的店铺盈利，要看这个店主的心态是不是懂得变通。当一家店营业额始终上不去，而货源又没得挑剔的时候，店主就应该想想，是不是营销策略有问题。要懂得变通，否则就会一直亏损下去。现在这个时代已经不是当初那个"酒香不怕巷子深"的时代了，要懂得推广自己，会推广的人才是会赚钱的人。

  第四、居安思危。当店面慢慢步入正轨，开始盈利了，你不再像当初那样烦恼，这么多的货应该卖给谁了。这个时候，是不是就应该坐着数钱，无所事事了呢？当然不是，要知道现在的市场竞争是非常大的，你走出了一条赚钱的道路，立即就会有不少人来模仿你的做法。时间一长，你就会被其他人超越。所以，居安思危是一个老板最应懂得的道理。在安乐的时候，也应该随时抵御别人的超越，要不断创新，才能避免被别人超越。

  第五、摆正自己的位置。很多人赚钱之后就开始飘飘然了，以前为了留住自己的员工，那可是费尽心思，和员工以姐妹相称，甚至一起吃，一起住。可店铺开始盈利了，你也找到了当老板的感觉，越来越有老板的架子了。所以一定要警惕，摆正自己的位置。虽然你已经成为了名副其实的老板，可你的成功离不开员工的兢兢业业，你不应该拿出老板的架子，而是应该和之前那样，继续和员工做好姐妹，只有这样，才能让员工感受到你的真诚，她们也就不会离你而去了。

  第六、高傲的姿态要不得。当店铺越做越大，你很有可能成为这附近一带最红火的店，可是这绝对不是你摆出高傲姿态的理由。和其他的店铺之间虽说是竞争关系，可你也不能一副高高在上，不食人间烟火的样子吧。这样的高姿态，是会引起同行不满的。正所谓明枪易躲暗箭难防，你的高傲很有可能引起小人的伺机报复。所以，干嘛那么骄傲呢，虚心一些，说不定能从别的商家那里学到不少的东西呢。

  一个人，尤其是一个女人能够将一家店做起来不容易。很多服装店的老板娘，很多网店的老板娘，那都是经历了很多事情，才把自己的店铺慢慢做起来的。这从来都不是一个简单的过程。一家网店的老板曾经自述，刚刚开店的时候，货压了一大堆，自己看着那些衣服，恨不得都送人，整晚整晚睡不着觉，想想看那段日子真是生不如死。而一家曾经经历过辉煌，又走向落败的皮鞋店的老板说，辉煌的时候，每天十一点钟才开门，开门就坐在收银台前玩，顾客川流不息的，可后来呢，竞争加大了，自己哪还坐得住呢，一个人在门前转悠，恨不得拉人进来买鞋。每个成功的店面，都有一段辛酸史，只有经历过的人才知道那段日子有多么地难熬，所以，开店可没有那么简单。

如果你想要开店，那就要做好心理准备，你可能要面对赔本，可能要面对竞争对手的背后黑手，可能要面对顾客的故意刁难，可能要面对你想不到的困难……很多很多，这都需要你有充分的思想准备，也需要你有过硬的心理素质。如果你想开店，那么，问问自己，准备好了吗?

不可不防的投资陷阱

现在随着人们生活水平的提高，理财意识逐渐加强，很多人已经开始摒弃以前只要有钱就存在银行的思想，开始逐步研究以钱生钱的办法。投资？没错，就是投资，在很多人眼中，用钱生钱最好的办法就是投资了，收益高，时间短，即便是风险高些，在高收益的诱惑下，很多人都会毫不犹豫地把自己的钱扔进去。

正是因为人们越来越注重理财，所以，很多不法分子利用人们的这些思想谋取暴利，在这一节中为大家总结一下生活中的那些投资陷阱。

第一，原始股的投资。

什么是原始股？原始股是指还没有上市但是即将上市的公司发行的股票。在人们的意识中，这些即将上市公司的股票持有者，在公司上市之后，将会获得几倍甚至十几倍的收益。但是，一般来说原始股是很难买到的。于是，就会出现一些骗子告诉你说他的手上有原始股，或是他有途径可以帮助你购买原始股，结果只是空手套白狼，他只不过是骗你罢了。即便是真的存在原始股，也并没有像大家想的那样回报高，因为原始股始终是一个未知数。发行原始股的公司能不能上市还不一定，即便是可以上市，原始股持有者也只能在该公司上市一年之后，才可以发生转让行为，在这一段时间里任何事情都有可能发生。如果你想要购买原始股，不要听信任何人的骗局，还是先自己研究研究这家公司的经营状态再说吧。

第二，所谓的股票内部消息。

当你对股市采取观望态度时，会有一些人凑到你面前，告诉你一些所谓的"内部消息"，谎称自己的亲戚在某家证券公司，从事着多么重要和机密的工作，然后让你买一些股票，并告诉你肯定能涨。先不说这个重要职位是什么，如此机密的事情怎么可能让你知道呢？如果连你都知道了，那还算的上是内部消息吗？

第三，所谓的"黑马股"。

经常有人告诉你预测今年的黑马股是什么，以前是在电视电台或者杂志报刊上，现在多使用网站发布消息。骗子们会成立一个看似十分正规的证券网站，通常在网站上可以看到谁谁谁购买网站预测的某某股票，成功获利多少万元。看似的确很赚钱，可是，你仔细推测一下就可以知道既然预测的如此准确，那为什么该网站的经营者不去自己购买股票呢，这可比经营网站赚钱多了。所以，千万不要上当，你大可以去查一下，就会发现这些网站都是没有证券从业资格证的。

第四，承诺给你不赚钱就退款。

投资最重要的是什么？保底。赚到钱更好，赚不到钱也别赔钱，这样是最好不过的了。于是一些骗子又出现新的高招，他们会跟你承诺说，这些投资回报都很高，最大的好处就是万一不赚钱，就会把所有的钱都退还给你。许多人听到这些话可是坐不住了，急忙把自己的钱都搭进去，心想赚不到钱也不会让自己的钱打水漂。可是，结果呢，这些骗子骗光你的钱早就逃之夭夭了。要是真的像他们说的那么好，那所有人都可以发家致富了，天底下哪会有这么好的事儿呢？

第五，赠送旅游。

许多公司开始打着这样的旗号邀请你来投资：只要你投资，就请你免费旅游。一般来说，公司会把旅游夸得天花乱坠，什么门票全包，五星级酒店之类的。很多人一想这公司不错，帮我赚钱，还请我免费旅游，这样的好事上哪儿找去。实际上，你旅游花费的每一分钱他们都记着呢，到时候还是会从你投资的金额中扣除。而且，很多公司根本就是骗子公司，钱一到手，他们就逃之夭夭了。

第六，永远不提销售。

当你不知道投资到哪里的时候，往往会有一些小道消息会告诉你，某某实验室现在已经攻克了世界级的难题，产品已经研制出来了，只要上市会立即抢购一空，现在正是投资的好机会。当然了，他们还不忘把这些产品给你介绍一下，会告诉你这些东西对于现在的人来说是多么地重要。当你真正投资之后，却发现根本不是那么回事。有的是根本就没有生产，你被人骗了；有的是这些产品确实生产了，只是根本卖不出去。于是，你的钱又打了水漂了。

第七，请大师算出来的。

世间万物有因必有果，许多装神弄鬼的大师也出现在了投资市场中，他们通过算卦，可以知晓一切事情，包括股票的走势，投资的趋势等等。一些人听信这些大师的话，跟风购买股票，结果发现只不过是一场空罢了。

有投资就会有风险，如果你确定自己要进行投资，就一定要知晓这其中的风险。任何人承诺给你的保底啊、高回报啊、无风险啊，那都是骗人的。我们既然选择投资，就应该做好接受风险的准备，否则就不要进行投资。还有最重要的一点就是，千万不能抱着"一夜暴富"的心态。天上掉馅饼的事几率实在是太小了，即便是真的有天上掉馅饼的事，你确定你恰好就能接住这个馅饼吗？所以，投资有风险，还是谨慎小心为好。

Chapter 5

爱得轻松恋得明白：女性情爱心理学

这个世界上有这样一个词，每当提到它的时候，总是心血澎湃，充满着无数的憧憬和幻想，这个词就是爱情。恋爱中的女人，常常被人说智商为零。但亲爱的女人，你愿意这样吗？恋爱，就要爱的清楚明白，在恋爱之前，不妨先知道一些爱情心理学，让自己清清楚楚恋爱，在婚姻之后，不妨也多了解一些爱情心理学的知识，让自己活得明明白白。不做傻女人，要做就做一个真真正正的女人，聪明，独立，漂亮，大方，能够掌控自己的爱情，掌控自己的幸福人生。

为什么说恋爱中的女人最傻？

都说恋爱中的女人最傻，这话一点儿都不假。不说别的，就说新闻上报道出来的，为了另一半花光自己积蓄的大多数是女人；为了另一半不顾家长反对的大多数是女人；为了另一半愿意付出自己生命的大多数是女人。总而言之，为了另一半做出疯狂举动的大部分都是女人。

于是，身边人不断说这些女人真是傻。没错，恋爱中的女人真是傻的可以。可是，为什么女人一恋爱就变傻了呢？我们先来看一个事例。

明慧算得上是女强人了，十分要强，性格也十分刚烈，二十九岁的年纪，已经是一家外贸公司的经理了，年薪三十万。因为一直在打拼自己的事业，明慧一直没有交男朋友。当她小有成就的时候，也意识到自己年龄不小了，也该找个男朋友了。于是，经朋友介绍，明慧交到了一个男朋友。也不知道怎么回事，明慧对自己的男朋友真是好的不得了。她给自己的男朋友洗衣服、做饭，就连两个人吃饭看电影，都是明慧自己来安排。男朋友说喜欢上一款新手机，明慧二话不说就给他买了下来。很多人都说明慧变了，明慧却说这是爱情的滋润。

明慧的男朋友和明慧说自己做生意亏了，需要一笔钱周转。明慧的内心一直在挣扎，按理说两个人的关系还没到那个份儿上，即便是犹豫，明慧也还是把自己的十万块给了男朋友。朋友们都说明慧疯了，可明慧却觉得自己很伟大，能够为了爱情如此地付出。此外一向大女人的明慧开始学着绣十字绣、做韩国料理等，要知道这可是她以前最讨厌的事情。明慧的朋友们都为明慧感到担心，害怕她这一次恋爱如果失败的话，不知道她还有没有勇气站起来，再进行下一次恋爱。

很多恋爱中的女人都和明慧一样，有时候明明知道自己不应该这样做，却还是做了，有时候明明是自己不喜欢做的事情，却还是义无反顾去做。甚至有些女人，明知道对方有了别的女人，也还是轻易原谅对方，继续和对方保持关系。这就是恋爱中女人傻的地方吧。

恋爱中的女人为什么这么傻呢？

首先这是因为女人的感性认知。在女人的世界中，爱情是高于一切的。而男人则不会有这样的认知。所以，恋爱中，傻的大部分是女人，很少有男人。因为感性，女人总是把爱情放在第一位，其他所有的事情都要靠边站。女人在爱情中应当理智一些，别总拿爱情当生命中最重要的东西，这个世界上的感情不仅仅只有爱情，还有亲情和友情。

其次，爱情心理学中的染色效应。当一个人坠入爱河的时候，他眼前的那个人就变得完美无缺，在染色效应的影响下，很多人会变得十分自卑，对对方唯命是从。而且，染色效应大多发生在女人身上。正因为染色效应的存在，许多女人在男人面前都失去了自我，尤其是当一些女人感到自卑的时候，会因为不想失去这段感情，做出一些匪夷所思的事情来。其实，金无足赤人无完人，在爱情中，女人最不应该放下的就是自己的身段，不能爱的没有自我，否则到头来也是一场空，因为这样的爱情是不会长久的。

最后，女人强烈的依赖性。女人的依赖性让女人在爱情中常常扮演"傻"的角色。一场爱情中，男人是找到了一个附属自己的人，什么叫附属自己的呢？车也是附属自己的，房子也是附属自己的，手表也是附属自己的，宠物更是附属自己的。男人的生命中不缺少附属品，所以男人很少有依赖性。而女人则是找到了一个自己可以附属的人，这个人只有一个。所以，女人仿佛找到了一生的寄托。女人应该适当独立一些，只有独立的女人才能充分享受爱情的美好，与其依赖别人，不如依赖自己。要知道，如果这个世界上只有一个人可以信任的话，那个人就是自己。

女人，别傻了，在爱情中，你应该多多心疼自己，一个连自己都不爱的女人，又何谈去爱别人呢？爱情是两个人相互的付出，你自己一个人的付出，那叫一厢情愿，只有两个人的付出，才叫两情相悦。理智一些，不要让自己的爱情成为泡沫。

希望男人为自己花钱是怎样一种心思？

现在社会上流行着这样一种说法，找男人，一定要找一个愿意为自己花钱的。很多女人在和男人的交往过程中，都秉持着这样一个观点：这个男人愿意为我花钱，那说明这个男人爱我，那么，我愿意和他继续交往；这个男人不愿意为我花钱，那说明这个男人不爱我，那么，不好意思，只能拜拜了。愿不愿意为自己花钱，已经成为了女人寻找男友的标准之一。那么，男人愿意为女人花钱，真的是爱女人的表现吗？这样的说法未免太片面了。

在解释这个之前，我们先来看看女人为什么喜欢男人为自己花钱呢？有以下几个原因。

一、传统观念的影响。自古以来，中国都是男耕女织，男主外，女主内，男人负责赚钱养家，女人负责操持家务、相夫教子。因为女人主内，所以女人花钱自然要从男人的口袋里拿了。所以，一直到今天，女人们都保持着这样的传统观念，男人就是应该给女人花钱，或者也可以说是一种必须，也就是男人必须为女人花钱。如果男人不愿意为女人花钱，那说明这个男人并不想继续维持这段关系，那也就是不爱，不爱也就没必要再维持下去了。

二、缺乏安全感。女人天生就是有依赖性的，小时候依赖自己的父母，长大了依赖自己的老公，步入老年又依赖自己的孩子。这种依赖性注定了女人是缺乏安全感的。虽然，人人都知道钱不是万能的，但最起码可以让自己生存下去。很多人没有钱就觉得没有安全感，好像下一秒就要死掉似的。钱不仅可以给女人安全感，是可以给很多人安全感的东西。所以，缺乏安全感的女人需要钱来给自己安全感。当一个女人和一个男人在一起的时候，也就慢慢转化为女人需要男人花钱来给自己安全感。

三、寻找爱的寄托。什么是爱？谁能给爱下一个定义呢？爱对于每个人来说都是很虚无的，确切地说它不是某一种物质，能让人握在手里，能够真真切切感受到它的存在。所以，女人常常要给爱寻找一个寄托，来让自己觉得安心和踏实。而钱又是什么呢？它是一种交换货币，能够买到一切能握在手里的物质。世间再也找不到任何一样东西能够像钱那样，让女人觉得实在了。所以，女人自然而然将爱寄托到了钱身上。这也就是为什么女人希望男人为自己花钱，说白了，女人是希望男人爱自己。

四、物质交换原则。不仅是女人，恐怕男人心里也会有这样的物质交换原则。物质交换原则就是说我付出了这个，你就要给予我那个。女人觉得在恋爱中，自己付出了自己的感情，也把自己的青春，自己最美好的时光给了男人，而男人也应该给予自己别的什么。所以，本着物质交换原则，女人更觉得男人为自己花钱是理所应当的事情了。可是，不要忘了，男人心里也有这样的物质交换原则，他付出了钱，而你又没有给他想要的东西，他还会继续和你在一起吗？

晴晴就一直认为愿意为女人花钱的男人才是好男人，才是真爱你的男人，所以，她交往的男朋友中，一旦有人不给自己花钱了，她就立即提出分手。最近晴晴和一家外贸公司的经理在谈恋爱，要说这个经理算是单身贵族了，每月月薪有一万块左右，年底奖金七八万的样子，除去这些每年还有公司的分红也是一笔不小的收入。晴晴每次约会都要去高档的西餐厅，因为她知道这个经理消费得起，他不肯买单说明他不爱自己。起初，经理还是很愿意买单的，可是时间长了，谁也受不了。有一次，晴晴要去逛商场，看上一条项链，价钱是五千多块，她非要买下来，五千块对于这个经理来说是小意思。当晴晴撒娇着索要项链时，经理一口回绝：我凭什么要给你买项链。晴晴有些没面子了，便嘟着嘴说："你不爱我了。"经理冷笑："你爱我吗？你爱我的话就会珍惜我辛辛苦苦赚来的钱。"说完，经理就走了。

女人都希望男人为自己花钱，可女人又给了男人什么呢？就像晴晴这样，你给了这个经理什么呢？你一再索要你想要的物质，只能让男人认为你只不过是想从他那里得到物质罢了，有哪个男人会那么傻呢？女人啊女人，别再执迷不悟了，判定一个人爱不爱你，真的和钱没关系，别让自己的爱情和钱扯上关系。爱情是纯洁的，禁不起一丝杂质，你若想拥有一段美好的恋情，首先摒弃自己的这种让男人为自己花钱的小心思吧。

如何面对婚姻的彩排？

当葛优和舒淇领衔主演的《非诚勿扰2》红遍大江南北的时候，一个词语也渐渐走进了人们的视野，那就是试婚。试婚？都说试婚就是婚姻的彩排，许多人经常说来一场婚姻的彩排是必需的。晚会在正式演出的时候，需要很多次的彩排，因此，人们认为彩排是为了正式演出时更为精彩，既然如此，那么，婚姻为何不能彩排呢？于是，很多人跟随潮流开始进行试婚。

试婚，顾名思义，就是试验婚姻，是男女正式登记结婚之前的一次试验，看看两个人是否能够和谐生活在一起，也是为了两个人能够更快进入婚姻角色中而进行的"彩排"。但是，试婚究竟好不好呢？对于这个问题，众说纷纭，有人说好，因为现在离婚率节节飙升，免得两个人结了婚不适合生活在一起，又要离婚。如果能够提前试婚，岂不是非常方便，两个人合适就登记结婚，不合适就分手，也免得结婚再离婚，再加上现在的年轻人根本不知道两个人如何生活在一起，经历了试婚，大家都对婚姻有所了解后，也能更快进入婚姻角色；而有人却说试婚不好，为什么呢？现在不少男人打着试婚的名堂，实际上却是骗取女人的身体或者感情、金钱。

陶晶和自己的男朋友已经在一起三年有余了，当试婚这个词语出现的时候，陶晶的男朋友也向她提出了试婚。一开始陶晶并不同意，可身边的小姐妹却说，这没什么大不了的，再说了又不是他检验你，你也可以检验检验他嘛。陶晶听了小姐妹的话，有些动摇了，加上小姐妹中也有一两个试婚的，所以，陶晶就同意了男朋友的要求。起初，陶晶非常紧张，这还是她第一次和一个男人共处一室，尽管在一起三年了，可两个人从未做过越轨的事情。前几天，因为陶晶一直紧张，始终拒绝男朋友碰自己的身体。又过了几天，恰好男朋友过生日，两个人都喝了酒，就做了男女之事。

第二天，陶晶仿佛对男朋友更加依赖了。可是，她没想到男朋友竟然对她说，试婚就是为了试一试她是不是处女，他亲吻着她告诉她，知道她是处女很开心，将来一定会娶她。可是，陶晶听了却勃然大怒，她反问道难道我不是处女，你就和我分手是吗？你当初还说过不在乎这个的。两个人大吵了一架。男朋友最后妥协了，说了好多好听的话，陶晶勉强不生气了。可后来相处的几天，陶晶越发觉得男朋友和自己不合适，他太懒了，被子都不会叠，更别提刷碗刷锅了，而且很不爱干净，袜子一星期都不换，早晨经常不刷牙。后来，陶晶实在无法忍受，选择了分手。

很多女人其实像陶晶一样，面对男朋友提出来的试婚一开始是抵触，后来经过朋友的劝说，或是男朋友的软磨硬泡同意了，结果出现了陶晶的那一幕。一般情况下，男人提出来的试婚有以下几个目的。

一、检验女人是不是处女。就像上文中陶晶的男朋友那样，不少男人试婚就是因为想要知道自己的女朋友到底是不是处女，很多男人嘴上说自己没有处女情结，可并不代表心里不在乎，又不好意思问自己的女朋友，就采取了试婚的方式。

二、满足自己的生理需求。不得不说，生理需求对于男人来说是很重要的，多少男人因为无法控制自己的身体，而做出出格的事儿呢？所以，很多心思不正的男人和女人试婚就是为了满足自己的生理需求，他们很有可能在和你试婚之后，还会和别人试婚。

三、因为寂寞。这一类的男人也不在少数，因为寂寞，想找个人陪伴自己，和自己的父母吧，父母年龄大了，没有话题，找自己的兄弟吧，都是哥们儿也没什么意思，还怕别人说自己性取向有问题，所以，最佳人选自然是自己的女朋友。

四、看看两个人适不适合生活在一起。抱着这个目的来试婚的男人也的确是有的，因为有些男人也看惯了身边不断有人离婚，夫妻双方因为孩子，或是因为财产打得不可开交。所以，为了安全起见，还是先试婚为好。一般来说，这一类男人不是很有钱，就是很想过正常家庭生活。

真正抱着婚前彩排的思想来试婚的人真的可以达到目的吗？不一定，通常情况下，这时两个人都会处于紧张的状态，在这种状态下，并不会将那个真实的自己展现在对方面前，自己也不会看到对方真正的样子，如果是这样的话，那岂不是无法达到彩排的目的吗？除非两个人都能完全释放自己，不紧张、不拘谨，就仿佛真的结婚了一样。可真正做到是很难的。

所以，综上所见，想要试婚的你一定要慎重再慎重，小心再小心。毕竟在试婚中，一旦不成的话，受到伤害最深的是女人。所以，广大的女性，面对试婚，还是坚持自己的立场。如果你真的想要多了解自己的男朋友一些，还是先和他多相处一段时间吧。

男人寻根究底的背后

杏林最近十分苦恼，刚刚结婚一年，她的老公就快要把她整疯了。杏林有许多好姐妹，也有不少关系不错的男性朋友。杏林经常会和这些朋友们出去逛逛、聚聚。每当杏林晚上回家晚了，她的老公就要开始一番盘查，问她去了哪里，和谁在一起，晚上吃的什么，所有的问题都需要她回答一遍，而且事无巨细，连这个朋友有没有女朋友，有没有什么特殊爱好，有没有什么坏习惯等等，他都要问。有时候，杏林明明就是加班回来晚了，她的老公也要问和谁加班，晚上加班都做了一些什么工作。

一开始，杏林觉得自己的老公可能是关心自己，一般情况下，都会把自己和谁在一起，都做了一些什么，通通告诉他。可是，时间久了，谁也受不了啊！偶尔两个人还会大吵一架，可即便是吵过之后，杏林的老公依旧如此。杏林都快要被逼疯了，她甚至想过干脆离婚算了，两个人之间都毫无信任可言，可是，她老公对她还是很不错的，除了经常刨根问底之外，其他地方都是没什么可挑剔的。

一般而言，喜欢刨根问底的大多是女人。女人小心眼儿，女人疑心较重，女人爱吃醋等等，这些都是女人喜欢刨根问底的理由。可是，为什么许多男人也和女人一样，爱问东问西的，就像杏林的老公那样。下面我们就一起探究一下，男人寻根问底的背后是什么？

一、占有欲。男人的占有欲是非常强的，这是历史遗留问题，从古至今男人就拥有很强的占有欲。这就是为什么男人可以三妻四妾，女人却必须从一而终的原因。现在的男人也不例外，他们拥有很强的占有欲，自己的女人去了哪里，做了什么，和谁在一起，他们认为自己有权利知道这些。所以，这就致使他们总是会询问女人一系列的问题。而且，个别的男人占有欲是很强的，甚至到达了心理变态的地步，就好像是电视剧《不要和陌生人说话》中的男主角那样，连自己的老婆和别的男人说一句话都不行。

二、嫉妒心理。女人有嫉妒心理，难道男人就没有了吗？当然不是，男人也是会嫉妒的，他们也会因为自己的爱人在外面和别的男人有交集而吃醋和嫉妒。可是，男人为什么会嫉妒呢？自己的女人再怎么和外面的男人有来往，那也是自己的女人啊。女人当然不理解了，那为什么自己的男人和别的女人打个招呼、吃个饭，你就会吃醋发脾气呢？这是一样的道理。男人有时候和女人是一样的。

三、缺乏安全感。很多人都认为女人常常会缺乏安全感，其实，男人也一样，他们也经常会感觉自己没有安全感。女人缺乏安全感，是因为女人天性如此，这似乎和男人天性就花心是同等存在的。而男人缺乏安全感，多半是因为不自信，这种不自信来源于女人。有的是因为自己的条件没有自己的女人好，常常感觉自己配不上对方；有的是因为自己的女人实在是太漂亮了，不怕自己的女人出轨，就怕别的男人对自己的女人有"野心"；有少部分人是因为感觉自己的女人太花心了，是一个十分喜新厌旧的人，因此才会没有安全感，觉得自己可能随时会被抛弃。

四、出于关心和爱护。虽然很少有男人是真正关心和爱护自己的女人，才来盘根问底的，但是，确实有男人是真的关心和爱护自己的女人。社会险恶，在社会上处于弱势的女人，是很令家里的男人担心的。所以，有一些男人经常询问自己的女人去了哪里，见了谁，做了什么。他们是真的出于关心和爱护的目的，当他们知道女人的答案后，会对女人所处环境及所接触的人做一个危险的评估。如果通过女人的描述，他们预感这类男人预谋不轨，那么，他们就会告诫自己的女人，下次不能单独和这些男人见面。如果他们通过女人的描述，预感女人所处的环境，所经历的事情是非常危险的，他们也会立即告诫女人，下次这种情况一定要和别人在一起。

从上面四个原因，我们可以看出男人为什么喜欢刨根问底了。作为女人，应当适当理解一下。试想，当你向男人刨根问底的时候，是一个什么样的心态呢？所以，不要过多地指责他们，因为这类问题，你也存在。如果男人实在是太过于刨根问底了，你们可以进行一些沟通，最重要的是要给他一些定心丸。如果他是缺乏安全感，你可以从各方面去给他自信；如果他是因为嫉妒心理，你可以告诉他，自己和别人交往再怎么样也会有一个度，自己还是属于他的；如果他是出于关心和爱护，你更应该理解他了，因为他害怕你出事，所以才如此紧张你，你更是要让他放心。但是，如果他是因为占有欲太强烈，你就真的需要静下心来，好好和他沟通一下了。

男人不会轻易寻根问底的，你首先要找到原因，然后"对症下药"才能根除男人的"寻根问底"。

聪明女人用创意谈恋爱

有的人的生活如同一杯白开水，无色无味，一成不变，了无生趣；有的人的生活却如同百变的咖啡，有时候苦涩，有时候透着奶香，有时候又增添了美感；有的人的生活却如同一望无际的大海，有时波涛滚滚，有时平静祥和，富有生趣。为什么同样是生活，同样是每天柴米油盐酱醋茶的过日子，人的差别会有这么大呢？根本原因在于两个字：创意。聪明的女人懂得用创意来谈恋爱，先让我们看看小夏是如何用自己的创意谈恋爱的吧。

小夏是一家婚庆公司的婚礼策划师，似乎是因为天生就有浪漫细胞，所以她才选择了这个职业。经过同事的介绍，小夏有了男朋友。两个人经历了热恋期之后，忽然觉得爱情也就那么回事，没有什么特别的。可是，小夏不甘心，她认为爱情不应该是这样的。她决定要用自己的创意激活自己的爱情。别人过节的时候，都是逛街看电影，她偏不要，拉着自己的男朋友去蹦极，两个人一起尖叫着跳下去，有九死一生的感觉；别人过生日的时候，吃蛋糕、唱歌，她偏不要，她只要自己的男朋友陪自己在家做一顿长寿面，不会做饭的两个人把厨房搞得一团糟，也别有一番滋味；别人会送自己的男朋友十字绣啊、围巾啊，她偏不要，她觉得这些都俗爆了，她用了一个多月的时间，给洋娃娃制作了一套婚纱，并告诉自己的男朋友，两年之后将这套婚纱做出来才能娶自己。目前，小夏已经开始筹划自己的婚礼，再过不久，他们就要步入婚姻殿堂了。

如何恋爱，并没有什么条条框框的约束。谁说女人送男人礼物就得是贴心小礼物，飞机模型和玩具也是不错的选择；谁说两个人在一起就得逛街看电影，两个人去孤儿院看看孩子，做做善事也是不错的选择；谁说两个人在一起，就一定要给彼此过生日，就一定要情人节在一起，若是喜欢，两个人可以天天都是情人节。

一成不变的生活总是让人厌烦，很多男人在经历了热恋期之后，渐渐对爱情失去了趣味，在他们眼中爱情就是吃吃饭、看看电影、逛逛街，这有什么意思呢？如果你不想让自己的爱情渐渐失去味道，那就给自己的爱情一些创意吧！

聪明女人懂得经营自己的爱情，懂得用创意激活自己的爱情，在这里为大家提一些建议。

第一：送创意礼物。很多女人从不担心男朋友生日到了该送什么礼物，手套、围脖、打火机、十字绣等等，大部分女人的礼物全都是这样的，这几样足够过好几年了。可是，送礼物若是送出创意来，会给自己的爱情添上漂亮的一笔。可以是他心仪已久的汽车模型，可以是他垂涎已久的游戏机，可以是自己设计创造的创意礼品，还可以是自己一封感人肺腑的信。有些男朋友感叹说自己的女朋友每年自己过生日的时候都送自己一个打火机，现在抽屉里已经有五个了。这样的生日礼物还有意义吗？所以，还是需要添加一些创意的成分进去。

第二：过创意节日。很多情侣过节日就是一起吃顿大餐、看场电影、逛逛街，这可让男人十分为难，过个情人节估计自己半个月的工资都出去了。如此过节，既浪费了钱，又不会对两个人的感情有任何地促进作用。所以，过节日还是想些别的点子吧，两个人可以去郊外踏青，也可以在家里做一顿DIY的晚餐，还可以去坐摩天轮，在最顶端的时候大声表白，甚至可以手牵手一起制作一个DIY的小礼物。创意地过节日，不仅不会浪费钱，还可以增进两个人的感情，何乐而不为呢？

第三：创意沟通。两个人的沟通方式有很多种，有的人是激烈地沟通，也就是争吵，有的是平心静气地沟通。无论哪一种都让人觉得实在是无趣，在这里可以告诉大家的是，沟通的方式也是可以有创意的。可以将上次吵架的经过记录下来，两个人互换角色地进行演绎，这个过程必定是爆笑十足的；上次吵架是谁的错，就让对方想一个惩罚的点子出来；两个人沟通也可以用写信的方式，像小时候传纸条那样，你一句我一句，就是不说话。其实沟通的方式有很多种，不局限于你所知道的那些。创意的沟通也是可以增进两个人的感情的。

用创意谈恋爱，你会发现你的爱情也可以一直多姿多彩，也可以一直像一对新恋人那样甜甜蜜蜜，如果你也是一个聪明的女人，那就开始想想创意，用创意谈恋爱吧！

喜欢一个人，真的不需要理由？

最近，一直宣扬着单身主义的淼淼宣布自己恋爱了。大家对淼淼的另一半可是十分好奇，因为淼淼的条件可是百里挑一。人长得漂亮，身材也没得挑，又有一份好工作，家里的条件处于中上游。可是，当淼淼把自己的男朋友带给大家看的时候，大家都大失所望，淼淼的男朋友既不属于身材魁梧的酷哥型，也不属于英俊潇洒的帅哥型，他的身高和淼淼差不多。一打听这男人的家境也不怎么样。许多人便开始问淼淼：你到底喜欢他什么呢？淼淼仔细思索了许多，也不知道答案，于是告诉大家：喜欢一个人是不需要理由的，要是有那么多理由，那还叫真爱吗？大家对于淼淼的答案都不是很赞同，都觉得淼淼的脑子进水了。没过多久，淼淼就宣布分手了。淼淼事后也觉得十分奇怪，当初是为什么喜欢他呢？

不少女人，甚至是不少男人，都和淼淼一样，认为喜欢一个人是不需要理由的，如果需要理由，那说明不是真正的喜欢。坠入爱河的女人，总觉得自己喜欢对方是没有理由的，就连对方的缺点都喜欢。可是，喜欢一个人真的不需要理由吗？当然不是。

不知道你是不是有这样的经历。谈恋爱的时候，觉得自己和对方无论哪里都般配，你看着对方的样子，就觉得是自己喜欢的样子，于是，你会觉得喜欢他根本不需要理由。可是，当两个人分手的时候，却觉得怎么看对方都不顺眼，看哪儿都觉得讨厌，你能找到一千一万个理由来分手。同样的人，同样的眼光，仅仅是因为处于不同的状态，一个人的变化竟然会有那么大。实际上，这是因为人在恋爱的时候处于类催眠状态所致。

什么是爱情？心理学家对爱情是这样描述的：爱情是由一种温柔、挚爱的情感组成的，当一个人处于爱情中时，会感到快乐、幸福、满足，甚至会觉得欣喜若狂。爱情中的两个人总想要与对方亲近，而离开对方时又觉得十分痛苦。这是一种怎样的状态呢？著名心理学家佛洛依德曾经说过：从爱到催眠只有一小步的距离，也就是说催眠状态和爱情状态有着相似的情形。当人处于催眠状态时会对催眠师发出的指令十分顺从。而当人们处于恋爱状态的时候，对相爱的对象，同样也会十分顺从。这也就是为什么情人眼里出西施，热恋中的人会做出疯狂的举动，热恋中的人会什么都不计较地喜欢着对方的原因了。

从这些我们可以看出，当一个人处于恋爱状态的时候，就如同处于催眠状态一般，没有缘由地去爱着对方，对方说什么都奉为圣旨。可是，一旦人们离开这种类似催眠状态，人就会立即清醒，当清醒过来的时候，那将是十分可怕的。有的人发现对方的缺点，简直无法令人忍受，立即选择了分手；而有的人发现自己竟然也还会喜欢对方的缺点，于是这段恋情继续延续着。

所以，喜欢一个人不是不需要理由，而是因为人们处于类似催眠状态时，缺乏一定的判断力，从而产生了一些虚幻的想法。喜欢一个人是需要理由的，别管是什么理由，这个理由是一定要有的，没有来由的喜欢，这场恋爱也将会随着催眠的结束而走向终结。当你问自己到底喜欢他哪里，或者是为什么会喜欢他的时候，你想不出答案，那就说明你的恋情正处于十分危险的状态。

给自己找一个喜欢对方的理由吧！你喜欢他，可能是因为他的相貌一直是你中意的类型；你喜欢他，可能是因为他的性格一直是你喜欢的那一款；你喜欢他，可能是因为两个人志趣相投；你喜欢他，可能是因为他对你的疼爱让你招架不住；你喜欢他，可能是因为两个人门当户对有发展的可能；你喜欢他，可能是因为他的一个不经意举动十分吸引你；你喜欢他，还有可能是因为他喜欢你。

总之，你喜欢他，不可能没有一个理由。如果没有理由，那也仔细盘问一下自己吧。而且，你也一定要确定一下，他到底喜欢你什么，他喜欢你有没有理由，如果没有，你也需要警惕，自己的恋爱是很危险的。做什么事情都是需要理由的，问问自己，若没有理由，为什么要去做呢？

男女恋爱中的心理差异

这个世界上有两种人，一种是男人，一种是女人。之前有一本书风靡全球，这本书的名字叫《男人来自火星，女人来自金星》，这本书阐述了男女的不同，讲述了为何生活在一起的两个人，会有如此不同的差异。其实，男女原本就是不同的，在恋爱中，两个人之所以会争吵，会有不同的意见，会有不同的表现，其根本原因就在于恋爱中男女的心理差异。下面就让我们走进这些差异，看看男人和女人在恋爱中到底有哪些心理差异。

男人偏爱占有，女人偏爱嫉妒。恋爱中的男人，最可怕的莫过于占有欲，男人都喜欢占有，他们希望女人是自己的，希望女人完完全全属于自己，一旦有人侵占自己的领地，他们就会宣誓自己的主权，只不过他们宣誓的对象不是自己的女人，而是试图占有自己女人的男人。而恋爱中的女人，最可怕的莫过于嫉妒心理。女人都爱嫉妒，都爱吃醋，一旦有人比自己好，一旦觉得男人对别人比对自己好，嫉妒心理就开始弥漫开来，只不过女人发泄的对象不是那个让自己产生嫉妒的人，而是自己的男人。

男人强调空间，女人强调亲密。两个人在一起，男人总希望自己有多一点儿时间做自己的事情，当闲暇时才希望和女人在一起，可是女人却希望男人给自己的时间多一些，当闲暇时，才应该做自己应该做的事情。男人觉得恋爱是自己的玩具，是用来打发时间的，可是女人却觉得恋爱是日常用品，是每天甚至每时每刻都需要的，因为在她们眼里，只有两个人亲密地在一起时，才表示正处于恋爱中。

男人需要信任，女人需要忠诚。作为一个男人，他们觉得自己是应该值得信任的，一旦女人表示出怀疑，他们就会大发雷霆，对于他们来说，女人的不信任对自己是一种侮辱，所以，不信任在男人这里是大忌讳。女人需要男人对自己忠诚，必须是绝对的忠诚，她们时常会怀疑自己的男人，怀疑他们的忠诚，所以，许多女人经常会跟踪，甚至是监视自己的男人。

男人用自由表达爱，女人用依赖表达爱。很多男人是喜欢用自由来表达自己的爱，当他爱一个女人的时候，会学着尊重她，爱护她，给她空间，给她时间，让她去做自己喜欢做的事情。可是，女人却喜欢用依赖来表达自己的爱，她们总是粘着自己的男人，总是缠着自己的男人，因为她们觉得既然爱一个人，就需要时时刻刻为他服务，所以，她们总是想要时时刻刻都待在自己的男人身边。

男人爱面子，女人爱"面子"。男人最爱的是自己的面子，对于他们来说，什么都可以没有，但是绝不能没有面子。而女人爱的"面子"，却仅仅指自己的脸蛋，她们生怕自己的脸蛋会失去魅力，所以一丁点儿都不敢松懈。女人伤了男人的面子，会让男人做出不可思议的举动，如果男人没有发觉女人漂亮的脸蛋，也是会让女人崩溃的。男人的面子和女人的"面子"是同等重要的。

爱情失败的时候，男人需要鼓励，女人需要安慰。男人总是需要有人不断鼓励自己的，当面临失败的时候，如果有人能够在自己身边不断鼓励自己，他们会获得很多的能量，促使他们不断进步，重新追逐自己的美好。而女人需要安慰，她们失败了，她们很难过，她们暂时需要逃避，所以，她们需要安慰。一两句宽慰的话，一个夜晚的陪伴，都能够让她们重新振作起来。

失恋，男人先笑后哭，女人先哭后笑。当一段爱情走向结尾的时候，男人会笑，女人会哭。男人会笑，是因为他们觉得自己终于自由了，终于可以摆脱束缚了，而女人会哭，是因为女人觉得自己失去了男人，原本的依赖没有了。可是，一段时间之后，男人会哭，哭是因为终于感受到了没有女人的失落，而女人会笑，笑是因为终于可以走出男人的阴影，终于想明白了爱情的真谛。

男女对于爱情是有差异的，不要用自己的思维去想男人，也不要用自己的想法去控制男人。毕竟两者是有差异的，如果总是用同样的思维去想对方，终究会导致这段恋情的失败。正因为男女恋爱心理的差异，才会导致两个人争吵，可是正是因为这样，两个人生活在一起才有意思，否则恋爱该是一件多么无聊的事情呢！

男人的爱，不会放在钱包里

女人总喜欢用钱来衡量男人对自己的爱，愿意为自己花钱那就是爱，愿意为自己花很多的钱，那就是很爱。这就好像男人总喜欢用性来衡量女人对自己的爱，愿意陪自己上床那就是爱，愿意随时陪自己上床那就是很爱。当然了，女人对于男人的这种衡量方式十分不赞同。可是，女人，你有没有想过，男人对你的衡量方式也很不赞同呢！男人还没有庸俗到用世间最庸俗的东西去体现世间最"昂贵"的东西。用钱来表达爱，就是如此。所以，男人的爱是不会放在钱包里的。

美惠本是一个十分淳朴的女孩子，她的想法很简单，找一个自己爱的和爱自己的人，一起白头到老，管它贫穷还是富贵，一家人开开心心就好。遵循着这样的想法，美惠恋爱了，恋爱的对象是个外地人，很精干的一个小伙子。经过接触，两个人都觉得对方挺不错的，加上年龄都不小了，渐渐地就有了结婚的打算。可是，美惠的小姐妹这个时候进行了阻拦，她们都说这个男人不靠谱，都舍不得为你花钱，怎么会爱你呢，就是想空手套白狼。美惠转头一想小姐妹说的也不是没有道理，两个人自从恋爱以来，他都没给自己买过一件礼物，除了情人节送了一束玫瑰之外，真的什么都没有。思虑再三，美惠还是和小伙子分手了，可结果却是小伙子一直在攒钱，想要买一套房子，和美惠在一起。美惠追悔莫及，而小伙子已经不再回头了，因为在他眼里，美惠和别的女人没有区别，都是拜金主义。

美惠的悲剧就是因为采取了用钱来衡量男人的爱，很多女人都会犯这样的错误。那就让我们一起看看，究竟有哪些是女人容易犯的错误吧。

一、男人舍不得给女人花钱，就是不爱。很多女人都抱怨自己的男朋友太抠门，连件衣服都舍不得给自己买，有时候明明已经暗示他希望他为自己买这件衣服了，他却还是假装不知道。其实，男人舍不得花钱，并不全是因为不爱。很多男人可能因为某种原因，从小就节省惯了，几十块钱他们都舍不得拿出来，这一类男人虽说不多，但还是有的。还有一种男人是真的囊中羞涩，许多女人不了解自己的男朋友的家境，去了商场就一通乱买，这样叫一个原本就不富裕的男人如何吃得消呢，他当然会找各种理由推脱了。还有另外一种男人，就像美惠的男朋友那样，现在不舍得花钱，是为了将来攒钱为女人过上更好的生活，你能说他不爱你吗？当然，也的确有一些男人，是因为这个女人不值得自己付出，才不给女人花钱的。但是，舍不舍得花钱，绝不是判定爱或不爱的标准。

二、为自己花钱越多，越是爱。这一点就更是不靠谱了。很多女人觉得男朋友愿意为自己买很贵的东西，那才是真爱。女人在一起聚会的时候，也经常攀比，她的男朋友给她买了钻戒，她的男朋友给她买了跑车，而她的男朋友只给她买了一条围巾。于是，大家都觉得买围巾的男朋友是最不爱的。可是，这样的判定是错误的。为女朋友买钻戒的可能是一个百万富翁，一个钻戒对于他来说只不过是一根手指头；为女朋友买跑车的可能是一个身家过亿的老板，一辆跑车对于他来说只不过是一根汗毛而已。而为女朋友买围巾的可能只是一个外地来的穷小子，一件围巾已经花了他半个月的工资，他下个月都只能吃泡面了。一个男人有一百万，而他只愿意为你花十万，而另一个男人只有一百块，他却愿意为了你花全部的一百块，你觉得哪一个是更爱你一些呢？爱在金钱面前是很羞涩的，怎能用金钱来衡量爱呢？

男人从不会把自己的爱放在钱包里，爱你就从钱包里拿，这对于男人来说是十分可笑的，他们不是冷血动物，他们会把爱放在心里。和女人想象的正相反，男人觉得用钱来表达爱是十分庸俗的事情，所以他们更愿意为女人花心思。同样是情人节，有的男人什么都不会准备，只是从鲜花店买一束玫瑰，带着女人去西餐厅吃一顿大餐，这就结束了。而有的男人却是从很久之前就开始想如何给女人过情人节了，自己买菜，自己研究菜谱，自己忙活一整天只为了晚上的一顿丰盛晚餐，然后用一个星期的时间叠了九十九朵火红的玫瑰。如果让你选择，你是选择那个只会从钱包里掏钞票的男人呢？还是选择那个愿意为了你花费一整个月时间筹备情人节的男人呢？

还是那句话，男人不会把自己的爱放在钱包里，把爱放在钱包里的男人也绝不是真心爱你的。女人，还是纠正一下自己的恋爱观吧！一个真正爱你的男人，他知道该为你花钱的时候，绝不会少花一分，而一个虚情假意的男人，即便是为你一掷千金，也未必是真心爱你的。

女人的爱情做加法，男人的爱情做减法

男人和女人生来就是不同的，否则天底下就不会存在男人和女人的区别了。男人较为理性，对待感情时，会秉持着理性的态度；女人较为感性，对待感情时，会遵循自己的感觉走，这就是为什么许多已经分手的女人会因为前男友的离开而崩溃。理性和感性的区别，让男人和女人对待感情产生了较大的差异性，尤其是在恋爱时。爱情中的男女在爱情的表现是截然不同的。男人在爱情中做减法，而女人却在爱情中做加法。

当一个男人爱上一个女人的时候，在雄性荷尔蒙的作用下，这个女人在他的心目中是完美的，没有缺陷的，即便是这个女人可能眼睛很小，可能有小肚腩，在男人眼中，她依旧是完美的，因此才会去追求这个女人。当男人追求上这个女人的时候，可能这种"完美"还会持续一段时间，但是时间一长，雄性荷尔蒙开始消退，男人便开始在爱情中做减法。

男人会觉得女人太喜欢化妆了，应该适当还原自己的本色，适当纯朴一些，在一起时间久了，也没必要再化妆了；男人会觉得女人有小肚子，应该适当减减肥了，毕竟女人有一个好身材才是关键嘛；吵架的时候，女人总是蛮不讲理，男人觉得女人的脾气该收敛一下了。慢慢地，慢慢地，在男人的眼中，女人已经从那个完美一百分的女人变成了一个有许多缺点的女人。这个时候，也就到了这段感情是否继续的关键时刻了。有的女人在男人眼中即便是减了分，也依旧保持了七八十分的样子，这个时候男人会倍感珍惜这段感情，认为自己找了一个不错的女人，这段感情也会继续维持下去。而如果男人眼中的女人已经成为负分了，男人就会变得不耐烦，这段感情也就没办法再继续了。

我们再来看看女人是如何做加法的。男人追求女人的过程中，必定是对其百般呵护，浪漫、温柔、体贴，女人觉得这个男人对自己还不错，虽然长得差了点儿，或者是个头矮了点，还算可以接受，于是轻易就同意了男人的追求。恋爱的起初，男人对女人可是百依百顺的，这让女人对男人又多了一些好感，女人便开始在爱情中做加法了。

男人虽说个头矮了点儿，可对自己那么好，这得加分，个头高的不一定对女朋友好啊；男人虽说眼睛小点儿，可笑起来十分可爱，小眼迷人，眼睛大没什么好处，这还是得加分；男人虽说不是很懂浪漫，可对自己的照顾是无微不至的，这更得加分，浪漫又不能当饭吃。慢慢地，慢慢地，女人的性格注定了女人会对自己的男人产生了依赖性，觉得男人没有一点儿是差的。于是很多女人就产生了"自己的男人就是最好的"的想法。一般来说，只要外界没有其他更优秀的男人出现，女人就觉得自己非眼前这个男人不嫁了。

所以，从"男人做减法，女人做加法"来看，女人在爱情中是十分被动的，有不少女人正是因为对男人太依赖，所以即便是知道男人不好，也迟迟不愿意分手。

在爱情中，女人难道只能等待男人把自己减到负分，然后一脚把自己踢开吗？当然不是，女人应当在爱情中掌握主动权。

首先，在点头之前多多思量。很多女人禁不住男人的追求，男人说几句好听的，送点儿鲜花，送点儿礼物，这就同意了。女人一定要在点头之前多多思量一下，男人到底喜欢自己哪一点，两个人的性格是不是合适，男人对自己的好能不能坚持下去。很多时候，男人在雄性荷尔蒙的刺激下产生追求行为，等过几天雄性荷尔蒙退却，也就没心思在追你呢。所以，不妨多等一等，也是对他的一种考验。等到思量好了，觉得男人确实是真心的，再答应他也不迟。

其次，不断充实自己。优秀的女人是完全禁得住男人的减法的，即便是男人眼中的女人有缺点，也不会减到负分状态。所以，女人应当不断充实自己，掌控爱情的主动权。当男人和女人交往过程中，不断发现女人不但缺点少，优点还不断增加，那男人也就没有不珍惜女人的理由了。女人，还是应当要不断完善自己，变得越来越优秀。

虽然说爱情当中男人不断做减法，女人不断做加法，但是这也不是绝对的。少部分男人也会在爱情中做加法，而少部分女人也会在爱情中做减法。不过，若是两个人真的情投意合，管它加法还是减法，两个人只要秉持着"珍惜"、"付出"、"爱护"、"理解"的原则，两个人必定会天长地久的。

寂寞不是随便恋爱的理由

你为什么要谈恋爱？追究起大家谈恋爱的理由，可能只有两个，第一个就是岁数到了，为了将来结婚，总不可能一下子就结婚吧，所以还是要先恋爱再结婚；第二个就是因为寂寞，只是想给自己找个伴儿罢了，一个人的日子实在是难熬，找个伴儿打发一下时间。一个是为了结婚，一个是为了弥补自己内心的空虚。虽然最终导致的结果都是谈恋爱，但是这两个原因的结局可是相差了十万八千里。因为结婚而恋爱的，可能将来两个人会甜蜜地在一起，结婚生子，一切按部就班地进行。而因为寂寞恋爱的，是既浪费时间，又浪费金钱，又浪费自己的精力和感情。所以，寂寞不是你随便恋爱的理由。

苏珊在一家私企做文职，每月工资两千五，因为是本市人，她住在家里，吃在家里，每月的工资足够自己买衣服、化妆品和一些外出开销了。大学里和苏珊要好的同学都已经回老家了，初中和高中同学在毕业之后就很少联系了，加上大家都很忙，也就更没时间聚聚了。苏珊很寂寞，每月工作闲得发慌，和她同样工作的女人们，要么有一个属于自己的兼职，要么有男朋友，要么就有自己的兴趣爱好，可她什么都没有。周末的时候，苏珊更是寂寞，一个人宅在家里，除了睡觉就是吃东西看电视。于是，苏珊决定给自己找个男朋友打发时间。

经过研究，苏珊和隔壁公司的一个策划师在一起了，见面三次就恋爱，都是因为寂寞。两个人没事的时候就钻到楼道里去聊天，周末的时候还一起看电影。几个星期下来，苏珊是觉得没以前寂寞了，可工资也快见底了，看电影逛街都需要花钱，那个策划师是外地人，总说自己穷，苏珊也不好意思叫人家花钱。两个人看电影回来的路上，策划师突然提出要去开房，这可吓坏了苏珊，苏珊直接甩了他一巴掌分手了。这次恋爱真是失败，苏珊直呼都是寂寞惹的祸。

是啊，都是寂寞惹的祸，如果不是因为寂寞，就不会搞出这么多的乌龙事件，更不会浪费自己的时间和金钱了。不要因为寂寞而随便恋爱，可能你是可以暂时找到慰藉，摆脱寂寞，可一时又不是一世，最后受损失的还是自己。

如果真的寂寞，为何不用这些寂寞的时间做一些别的事情呢？

一、学习。网络上流传着这样一句话，未来的职场上将要淘汰那些八小时之外不学习的人。工作之余，感到空虚和寂寞的时候，用学习来打发时间吧。可以学习一些技能，也可以学习外语。总之，无论你学习什么，这些东西对你的将来都大有益处。一个做文职的小姑娘，利用自己工作之余，自学平面设计，后来还开了自己的设计工作室。很多人后来所从事的工作，都是自己业余时间学的。所以，如果自己实在没事做，还不如给自己寻找一个学习的机会，这对于将来的发展是很有好处的。

二、发展自己的兴趣爱好，享受生活。如果觉得自己一个人实在是太寂寞了，那就发展一下自己的兴趣爱好吧，有时间的时候，看看书，写写字，练练瑜伽，弹弹古筝，都是很不错的选择。一个人倘若没有点儿自己的爱好，会让人觉得很无趣的。而且，在发展自己兴趣爱好的同时，还可以结识一些志趣相投的好朋友，何乐而不为呢？不妨告诉你一个秘密，很多人找到自己一生的挚爱，就是从自己的兴趣爱好开始的。你不妨也试一试，说不定你也能找到和自己牵手一生的人呢！

三、提升自己的交际能力。现在网络上、电视上经常会有一些聚会，将不认识的人聚集在一起，大家搞一个大联盟。你可以多关注一些这类活动，参加这类活动有助于拓展自己的人脉，提升自己的交际能力，说不定你还能结识一些挚友呢。多出去走走，多看看，多逛逛，你总是有收获的。

现在这个社会的发展趋势就是，朋友多的人，朋友会越来越多，朋友少的人，朋友会越来越少。你不主动，没有人会来主动和你搭讪的。多走出去看一看，别宅在家里。这个社会上的宅男宅女太多了，正是因为太宅了，所以才越来越寂寞。宅在家里有什么好呢？守着一堆零食，越吃身材越走样，看着那些肥皂剧，又哭又笑，自己能收获的无非是那些编造出来的爱情剧而已。有什么意义呢？

打起精神来吧，不要被寂寞压垮，你也可以成为一个传奇，业余时间多学习、多交流、多出去走走，相信你的寂寞就会被这大千世界的花花绿绿改变的。

谈一场轻盈的恋爱

萧雨已到了要谈婚论嫁的年纪，还没开始享受爱情的滋润，就被家人天天念叨着。萧雨的妈妈说不能找外地的，否则以后没办法一起过年；不能找农村的，农村里的亲戚都没素质，而且特别爱往城里钻，将来很麻烦；不能找没有房子的，一对小夫妻怎么能没有个像样的家呢；不能找没有车的，万一家里有事，没辆车还真是不方便；不能找工资低的，将来生活太困难；不能找没上过大学的，将来影响孩子的智商；不能找配不上自己的，拿不出手，在外面太没面子……听着妈妈念叨的这一堆，萧雨顿时就想，打死都不谈恋爱了。可是，也只是赌气罢了，这恋爱还是要谈，婚还是要结。

萧雨的妈妈托朋友给萧雨介绍的人，要么有房有车，要么相貌却不过关；要么有房有车有相貌的，又没看上萧雨。相过好几次亲了，萧雨愣是没找到合适的。萧雨想要是没有这么多重担压着，谈恋爱该是一件多么美好的事情啊，可现在呢，谈恋爱真难。

很多人都和萧雨一样，还没开始谈恋爱就已经被家里设置了各种条条框框。经过初试之后，开始谈恋爱，又要小心翼翼侦查着人家的人品，以及人家未来的打算，稍有不称心意的，又会被否决。其实，何必考虑那么多呢？为什么不想的简单一点儿，谈一场轻盈的恋爱呢？背负了太多的东西，反而让自己深陷其中，无法享受恋爱的美好。那么，如何谈一场轻盈的恋爱呢？

一、别给自己太大的心理压力。谈恋爱，来自各方面的压力都很大。有的是，家里觉得这个条件不错，千万要拿下，不能让条件这么好的跑掉了；还有的是，这个条件不过关，赶快分手，可自己又舍不得；有的是自己给自己的压力，太想摆脱单身状态，想要结婚生子了，恨不得下一秒就和对方去登记。恋爱的时候，莫名的压力不断增大，是不会有好结果的。不妨给自己减减压，不要着急，觉得不错就先相处看看，先不要考虑结婚的问题，等两个人感情到了，再来谈婚论嫁也不迟。

二、别考虑得太多。都说不以结婚为目的的恋爱都是耍流氓。尤其是一些年龄已经到了的剩女们，谈恋爱的时候都是奔着结婚去的。于是，从一开始就在考虑对方能买的房子有多大，能买的车是什么牌子，将来每月赚多少钱等等。如果满脑子都是这些，恋爱还能顺心吗？你会让对方怀疑，你看上的是他的钱，还是他的人？考虑那么多有什么用呢？未来发生什么事情谁也不清楚，何必那么功利呢？人一旦变得功利，就再也无法享受生活了。恋爱就是恋爱，结婚以后的事情，那是结婚以后的。你操完了未来的心，难道将来就不用操心了吗？未必！

三、多考虑自己能给予什么，不要考虑自己能收获什么。很多女人都会犯的错误是，一进入恋爱状态，就开始考虑自己能从对方身上可以得到什么。他帅气，可以让自己在姐妹面前好好炫耀一下；他有钱，自己想要的化妆品和漂亮衣服，他都可以给自己买；他体贴，自己可以享受到他无微不至地照顾；他温柔，绝对不会对自己凶的。可是，你有想过自己能给他什么吗？你是有无所挑剔的身材，还是有无可挑剔的脸蛋，抑或是有无可挑剔的家世呢？向他索取的时候，先问问自己能给他什么。总是想着索取，最终会失去全部的。

四、以后的事情以后再说。很多女人谈恋爱的时候，或许是为了做到未雨绸缪，很早就开始和男朋友讨论结婚以后的事情。比如一些女人会告诉自己的男朋友，结婚以后多玩几年，先不考虑生孩子的事情；结婚以后坚决不能和公婆住在一起，和年龄大的人有代沟，没办法生活在一起；结婚以后，自己做饭但是坚决不刷碗，刷碗会让自己的手粗糙等等。这些事儿似乎都是在给男人打预防针，可男人未必爱听。还有一些女人是要男人的一个承诺，男人现在同意，并不代表未来能同意，要了又有什么意义呢？所以，以后的事情还是以后再说吧。

正是因为背负了太多的东西，女人们谈恋爱总是心情沉重。多少女人吵架是因为和男朋友在讨论将来要不要和公婆一起住；多少女人分手是因为和男朋友说房子车子和票子。女人，心里想的太多了，想要操心的事儿太多了，所以，才让自己的恋爱时时刻刻都在刀尖上，一不小心就伤了。

放轻松一点儿，别想太多，也别奢望太多，这才会让自己的恋爱变得轻松，才会让自己充分享受恋爱的美好，恋爱是十分美妙的事情，如果负重了太多的东西，怎么谈得上"美妙"两个字呢？现在很多人都不愿意恋爱，拒绝恋爱，宁肯单身，也绝不恋爱，这就足以看出，现在的恋爱对于人们来说，不是一种享受，而是一种折磨了。何必呢？反省一下，自己是不是正是因为考虑的太多了，才让自己深陷其中，无法享受恋爱了呢？

若爱请深爱，若弃请彻底

飞飞和小雅是好朋友，从小一起长大，可是两个人对爱情却有着不同的观点。飞飞认为爱情中女人应当掌握主动权，随便玩一玩就算了，喜欢就继续维持关系，不喜欢就干脆抛弃，不能陷得太深。而小雅则认为爱情中只要有一个人愿意坚持下去，那这段感情就还能继续。

飞飞恋爱了，恋爱的对象高大帅气又多金，真是现实版的高富帅，是飞飞喜欢的类型。可是，飞飞恋爱从来都没有认真过，都是随便玩一玩就算了。相处的过程中，飞飞越来越喜欢这个高富帅了，可是她依旧在想不能让自己陷得太深，始终和高富帅保持着距离。后来两个人分手了，是高富帅提出来的，理由是他根本感受不到她对他的爱。直到分手，飞飞才追悔莫及，如果自己当初别那么冷漠，或许这段感情是可以坚持下去的。

小雅也恋爱了，她非常喜欢自己的男朋友，两个人在热恋期也十分要好，羡煞旁人。可过了热恋期，小雅的男朋友突然提出了分手，这让小雅始料未及，不知道该如何是好。她总想着要坚持一下，或许他就会回心转意。于是，小雅依旧和男朋友保持联络，三天两头打电话和发短信，即便是知道男朋友已经另结新欢，她也依旧没有放弃。可是，最后呢？小雅精神崩溃，还背负着"死缠烂打"的骂名，一时间觉得自己已经没脸见人了。

爱情当中，没有谁对谁错，只有爱或者不爱。如果爱，有千万种理由让你坚持下去，如果不爱，你也会找到千万种理由来支持自己停止爱。像飞飞和小雅，之所以会在爱情中失败，是因为她们的爱情观都是错误的。如果爱，何必故作姿态，如果放弃，何必死死纠缠。在这里需要告诉大家的是：若爱请深爱，若弃请彻底。

如果你真的爱一个人，那就用你的全部身心去爱他，什么女人要掌握爱情的主动权，什么女人不能深陷于爱情当中，什么女人太爱男人就是低三下四的等等，这些都是胡扯。相互扶持度过几十年的夫妻，你看见他们在生活中计较过家中大权掌握在谁手中吗？已经生儿育女的夫妻二人，早已将自己深陷于爱情当中，他们享受家庭的温暖，他们愿意把自己交付给彼此，因为那才是真爱；谁说女人太爱男人就是低三下四的呢？如果男人也这么想问题，世界上还会存在爱情吗？爱一个人，并不是要求你爱得卑微，而是爱得彻底，我爱你，就是简简单单地对你好，别无其他。如果你真的爱一个人，那就好好去爱他，深爱他，让他感受到你的爱，再用他的爱来回应你的爱。这才是一个爱情到婚姻的过程。而你故作姿态，只能让他退缩，他感受不到你的爱，也就没有必要再纠缠你了。

如果一段爱情真的走到了终点，那就彻底放弃吧，不拖泥带水，不藕断丝连，断就是要断的彻底一点儿。很多女人明明已经对男人说了分手，却不知道又因为什么原因，总是时不时联系男人，说一些不着边际的话。这样对你、对他都没有好处。茶凉了，就别再续了，再续也不是原来的味道。别管当初是因为什么原因分手的，总之分了就是分了，为了让彼此过得更好，彻底放弃吧。这是对自己负责任。很多女人就是沉浸在已经失去的恋情中无法自拔，才错过了更适合自己的男人。不要让过去的阴霾遮挡住自己前进的双眼，眼睛要看着前方，否则，你只能活在过去的痛苦中无法自拔。

爱情当中的女人，有的是太过于聪明，总想在爱情中占据上风，让自己决定这段感情的生死，最终爱情却断送在自己手上；有的是太过于愚蠢，总想着自己的爱会换来他的回心转意，结果爱情没能回来，却让自己整日沉浸在痛苦当中无法自拔。女人，不应该太聪明，也不应该太愚蠢，刚刚好就可以。

当爱情来临时，如果自己真心喜欢，那就用真心换取真心，好好地爱着他，不娇柔不造作，更不会假装不爱，故作姿态来骗他，过得直白一点儿，我爱，我就大声说出来。当经过一番努力，两个人还是没能长相厮守，那也没关系，尽管结束的过程有一些痛苦，可你依然应该保持自己的尊严，不要死死纠缠，更不要在爱情结束后去打扰他的生活，你应该有属于自己的生活了。你们没能在一起，可能是缘分就这么多，可能是根本不适合，总之分手了就是分手了，何必有那么多为什么呢？坚强一点儿，相信不久的将来，你会找到自己的真命天子的。

若爱请深爱，若弃请彻底。爱得深，用爱呼应爱，才知道这段感情是不是可以继续；弃的彻底，才能迎来自己的另一个春天。

Chapter **6**

"百搭"女人的交际智慧：女人社交心理学

在上个世纪的英国，几乎每一个女性热衷于社交活动，期望能够成为社交的宠儿，在她们看来那是倍感荣幸的事情。对于现代的女人来说，社交是必不可少的，那些宅在家里的"女神"，是不会呼吸到外面新鲜"空气"的。女人，都应懂一些社交心理学，无论是职场还是生活，这些都是非常受用的法宝。多一点儿交际，多一点儿智慧，多一点儿人脉，这对于你来说，绝对不是一件坏事。

适当寒暄：寒暄不是一种虚伪，而是一种需要

走在街上，到处可以听到老熟人之间的寒暄。

"吃了吗？"

"这是去哪儿啊？"

"这是打哪儿来呀？"

"几天没见又漂亮了啊！"

"这件衣服真漂亮，刚买的吧？"

……

街头巷尾的寒暄，总能让人感觉很亲切，最起码在这个人来人往的世界中，不会令人觉得孤单和寂寞。可有人觉得寒暄是一种虚伪，为什么呢？仔细品味寒暄的那些话就知道，没有一句是有营养和有价值的话，无非是一些走哪儿、去哪儿和吃饭、夸奖的话。有些人就说了，说这些话有意义吗？你问我吃没吃饭，我要是没吃，你请我吃饭吗？你问我去哪儿，我去哪儿和你又有什么关系？你说我最近漂亮了，无非也只是客套话罢了，根本没有意义。于是，有些人就说了，与其说那么几句废话，还不如闭上嘴，让自己消停一会儿了呢。

其实，寒暄并不是虚伪。相反，它是一种社交的需要，是人与人交往的必需品。男人与男人之间，一支香烟、一壶酒，就可以将感情维系好，可是，女人靠什么呢？没错，就是寒暄。你可能觉得寒暄没有这么大的魅力。可是，你仔细想想，自己最好的闺蜜是怎么得来的？可能上学时你和闺蜜是同桌，从不理不睬到无话不谈，可能工作后你和闺蜜是室友，从互不相识到形影不离。这些变化是通过什么改变的呢？就是寒暄。两个人一开始可能只是互相寒暄几句，也就是说几句不痛不痒的废话，而

后慢慢变得熟悉起来，聊的越来越多，也就成为了闺蜜，所以，真正的闺蜜就是寒暄得来的。

不喜欢寒暄的人，通常都会给人留下这样的印象：冷漠、没礼貌、独来独往。如果是你，你肯定也不喜欢和这样的人来往吧，你不理我，我又何必理你呢？而喜欢寒暄的人，通常都会给人留下这样的印象：热情、大方、懂礼貌、喜欢交朋友。如果是你，你肯定也喜欢和这样的人来往，你喜欢和我说话，我才喜欢和你说话嘛。

和自己的邻居寒暄几句，能够让你邻里和睦，远亲不如近邻，说不定什么时候真的需要邻居的帮助呢；和自己的同事寒暄几句，能够让你和同事相处融洽，说不定她还真的能够帮到你呢；和自己的上司寒暄几句，能够改变上司对你的看法，说不定上司就会委以重任给你呢；和自己曾经的同学偶尔寒暄几句，说不定哪天真的需要这些老同学的帮助呢！

寒暄是维系感情一个十分重要的工具。但是，寒暄可不是随随便便地说话，也是需要注意一些问题的。

一、停下脚步，以示尊重。无论是在路上遇到熟人，还是在逛街的时候碰到了朋友，不要急匆匆地打个招呼就过去了，哪怕自己再着急，也需要停下脚步，这表示对人的尊重。否则，寒暄还不如不寒暄呢。

二、看着对方的眼睛。低着头，或是眼睛一扫而过，都会给人一种轻蔑、不重视的感觉。所以，在停下脚步和别人说话的时候，一定要看着对方的眼睛，让对方看到自己的真诚，也让对方看到自己的真实和自信，这也是在提升自己的修养。

三、微笑，热情。很多人在和别人寒暄的时候，面无表情，好像寒暄是在例行公事一样，匆匆了事就完了。其实，这样的寒暄会给人一种十分冷漠的感觉。在停下脚步的时候，要绽放笑容，显得热情一些，要让别人知道自己不是例行公事，而是真心实意地想要跟自己交流一下。

四、语言不涉及隐私。女人的好奇心是很可怕的，有时对别人的隐私特别感兴趣，但是这一点是极其令人反感的。有些人见面就询问你儿子打架的事怎么样了？你公公和你婆婆打架和好了没有？你老公公司的事解决了没有？这些问题都是令人十分讨厌的。所以，在寒暄的时候要尽量控制自己的好奇心，不要说多余的话，更不要问多余的问题，说话一定不能涉及到别人的家事，更不能涉及到人家的隐私。哪怕你真的是关心他人，也会给人一种多管闲事看热闹的感觉。还是小心为好。

虽然寒暄可以给人带来很多的好处，可以将一个人的感情维系好，但是，寒暄也是需要适度的，过度的寒暄不但起不到任何效果，还会带来反作用。有些女人看见朋友了，拉着人家的手说起来没完没了，这是一定要提起注意的。或许人家现在真的不想聊天，或许人家现在有要紧的事着急去办，或许人家刚发生一件不愉快的事情，这些都不会表现在你面前。寒暄几句之后，你就应该说，那好咱改天再聊吧，你有事就赶紧去吧。这样既让人觉得贴心，又达到了自己寒暄的目的。

在女性的社交圈子中，寒暄是必不可少的，不要觉得说几句无关痛痒的话没有意义，要是你从来不和自己的邻居寒暄，当你遇到麻烦事，想必邻居也不会理会你。所以，还是学会寒暄吧，抱着一种轻松的态度，把它当成生活中的乐趣，相信，你会从中得到你想要得到的东西。

钓鱼理论：最适用的"攻心"法则

比起男人的理性，女性是感性动物，无论是做什么事情，都会掺杂一定的感情因素在里面。正因为如此，在人际交往中，女性更应该抓住自己的优势，充分利用女性的感性。如何利用感性呢？那就是从"心"入手。女人若是想要在社会中站住脚跟，那就一定要学会"攻心"，从"心"入手，稳固感情关系，这样才能让自己在社交中如鱼得水。

不知道有多少女人会钓鱼，或者了解钓鱼，想必熟悉钓鱼的人都知道，钓鱼分为三个最基本的部分。

第一个部分就是做饵和下钩。想要成功钓到鱼，那就一定要在做饵和下钩上做功夫，比如说什么鱼喜欢吃什么样的鱼饵，以及下钩的地点和合适的季节等。第二个部分就是守竿，在守竿的时候一定要有耐心，不能急功近利，除了耐心，守竿时还需要冷静。鱼也是很聪明的，它们可能会试探环境的安全性，并不急于咬住钩子。第三个部分就是收钩，这个部分是最关键的，也是最危险的，很多人钓鱼都是在这个时候功亏一篑的，不能急，要深藏不露，当钩子被咬的很深时，才能及时收回钩子。

或许你会很纳闷，钓鱼和社交有什么关系呢？在社交中有一种理论叫做钓鱼理论，也就是将钓鱼的方法适用于社交生活中。想要学会"攻心"，那就一定要掌握钓鱼理论的要领，将钓鱼理论充分运用到实际中，才能达到"攻心"的目的。或许你并不觉得社交和钓鱼有什么联系，可是，你仔细品味一下，二者还真有异曲同工之妙呢。

首先是做饵和下钩。你想要交到朋友，就首先要了解自己的朋友是什么样的人，这是一个"做饵"的过程，如果她是一个喜欢安静的人，你偏偏在她耳边叽叽喳喳说了没完没了，很显然，你的"饵"并不适合她。当你知道对方的"口味"，也就到了"下钩"的时刻，选择合适的场合、合适的时机是非常重要的，如果她正在会谈一个重要客户，你在这个时候打扰她，她对你的印象必定会跌到谷底的，你必须知晓何时、何地和她交谈才不会打扰她。

其次就是守竿。当你已经做好鱼饵，也下了钩，那就应该学会等待了。三番五次的打扰，是不会让人对自己产生好印象的，所以一定要学会等待。如果你的"鱼饵"奏效，你选择的"下钩"地点和时机也准确无误，那就好好等待，你肯定会等到对方主动上钩的。这个时候耐心加冷静是最好的选择，耐心地等，冷静地等，偶尔对方会做出试探，看看你是不是别有用心，如果你一心急必定会暴露自己，所以耐下心来，好好等待吧。

最后也就是收钩的时候。这对于钓鱼来说十分关键，对于社交也是极为关键的，能不能和对方交上朋友就得看最后的收钩了。这一阶段最重要的就是稳，不能因为鱼咬钩了就欣喜若狂，要表现得深藏不露，喜怒不形于色，一旦稍显急促，可能自己就离失败不远了。在收钩的阶段，一定要学会随机收放，张弛相宜，当对方已经完全上钩时，方可及时收钩。

看到了吧，社交和钓鱼是有很大相通性的。牢牢掌握了钓鱼理论，对于你的社交生活是十分有好处的。如果你现在还不是很明白，也不要着急，与人交往是一门深奥的学问，需要仔细推敲，循序渐进，慢慢来，你就会找到诀窍。

此外，还需要大家注意的是，想要让自己在社交生活中如鱼得水，还需要做到这样几点：放长线钓大鱼、钓到的鱼也要喂鱼饵、只见鱼饵不见钩。放长线钓大鱼，是说要把眼光放得长远一些，不要盯着眼前的一点儿小利益，眼睛要向前看，只要关系牢靠了，才能进行更多的互动；钓到鱼也要喂鱼饵，可能你听到这些会觉得可笑，谁钓到鱼之后还会给鱼喂鱼饵呢？这听上去似乎是有些好笑，可是如果钓上鱼来不再给鱼鱼饵，那终究是一次性的买卖，不会再有第二次了，如果你想维持关系，想要可持续性发展，那你还是需要给鱼喂鱼饵的，鱼只有在有鱼饵的情况下才会继续和你保持关系的；只见鱼饵不见钩，在这个社会上谁都不是傻子，如果太轻易让人看到自己的目的，那最终也是功亏一篑的，你做好了鱼饵，但一定要把鱼钩掩饰好，如果叫人既看到鱼饵，又看到鱼钩，那么，哪只鱼还会吃你的鱼饵，上你的钩呢？所以，鱼钩千万不能暴露。

女人在社交中要充分掌握钓鱼理论,将钓鱼理论熟记于心,学会举一反三,让自己立于社交不败之地。或许你一时无法掌握,但是随着社会经验的加深,相信你会总结出自己独特的一套社交方法。

对等心理：谁都想交到"有用"的朋友

俗话说，朋友多了路好走。正是在这句俗话的影响，很多人都十分热衷于交朋友，我们交朋友的目的是什么？是希望自己将来遇到困难的时候有人帮助，是希望自己孤单的时候有人陪伴，是希望自己快乐的时候有人分享，是希望自己失落的时候有人鼓励。那么，我们为什么要交朋友呢，因为朋友"有用"。

前些日子，一个表妹找到了我，她说自己十分苦恼，苦恼的是交朋友的问题。表妹是一个活泼开朗的女孩子，她很喜欢交朋友，在上学的时候人缘也不错，可工作之后，她再交朋友却觉得是那么困难。她说自己觉得同公司的小李不错，小李是人事部门的，表妹不喜欢自己的岗位，总想着换工作，如果和小李关系好的话，说不定能第一时间得到人事的消息，可联系没两天，小李就不理她了；后来她觉得楼下那家公司也挺好的，如果可以的话，希望换到楼下的公司去工作，偶尔在电梯里遇见那家公司的一个职员，两个人就聊上了，可一段时间之后，那个职员就再没联系过她。

表妹觉得自己说话办事还是挺靠谱的，为什么自己这么主动去交朋友，却总是交不上朋友呢？

在心理学上有一种心理叫做对等心理，说的就是人与人之间应该对等的，你希望得到的结果和对方希望得到的结果拥有对等性。说得通俗一点儿就是，你希望对方什么样，对方就希望你是什么样的。那么，当你抱着很强的目的性去交朋友时，对方也是希望达到她的目的的，如果你达到了目的，而对方达不到目的，这样的朋友关系自然维持不下去了。就像表妹那样，她总是希望从朋友那里得到自己想要得到的信息，而她并没有反馈给对方相应的信息，人家自然不愿意再理会她了。

每个人都想交到有用的朋友，每个人身边的朋友也都是有用的。你可能会说：我的朋友就不全是这样的，我有许多朋友并不能够帮助我升职加薪，也不能够帮助我跳槽找工作，只是会陪我聊聊天、逛逛街而已。但是，你仔细推敲，难道陪你聊天逛街，不是在陪伴你度过孤独的时间吗？这么说来，这样的朋友还是有用的朋友。你想交到有用的朋友，别人自然也想交到有用的朋友，只有双方的目的都能达到的时候，这场关系才能维持下去，而如果有一方的目的达不到，这场关系就会宣告失败。

正因为对等心理的存在，很多朋友关系都宣告失败了，那么，我们将如何在对等心理的影响下交到有用的朋友呢？

首先，不要抱着强烈的目的性去交朋友。你想要接近这个人自然有你的目的，可能对你升职加薪有帮助，可能对你兴趣爱好有帮助，可能对你休闲娱乐有帮助。无论你是抱着什么样的目的，在和别人交朋友的时候千万不要让别人看出自己是抱着这些目的来的，否则你交朋友时注定会失败。想要隐藏自己的目的性，就不要太着急交到这个朋友，还没认识两天，立马求人家办事，一下子就把自己暴露了，这样肯定没戏。所以，循序渐进，一点点地去触碰对方的底线，等成为真正的朋友，再来透露自己的目的。

其次，要记得对等交换原则。你交朋友是有目的的，对方同意和你做朋友也是有目的的。所以，当你达到了目的，一定要记得对方的目的。你请求别人帮忙，别人忙了你，反过来别人请你帮忙，你却百般推脱，那这场关系也就停止在此了。你想要继续维持这场关系，就一定要满足对方的目的。一旦对方的目的没有达到，那你立刻就成为了"没用"的朋友，那人家交你这个朋友还有什么用呢？

最后，你可以先满足对方的目的。当你想要交朋友的时候，如果想尽快和对方熟络起来，那就先试着去满足对方的目的，当你满足了对方的目的要求，很有可能对方已经把你当做朋友了，这个时候你再提出你的请求，他可就义不容辞了。通常情况下，对方的目的先得到了满足，会十分珍惜你这个朋友的，将来两个人的关系也能够维持得更好。

当你抱着一定的目的性去交朋友的时候，不要忘了别人肯定也会抱着同样的目的性来交朋友。谁都想交到有用的朋友，你是这样，别人更是这样，所以要懂得如何维持这样一个朋友关系，更要懂得如何利用这样的关系来交朋友，比如说朋友想要通过你认识别人，你大可以大大方方地为朋友牵线；比如说朋友想要你帮忙介绍工作，即便是你没那么大本事，也要尽自己最大努力；比如说朋友想借用你的东西，你也应当义不容辞。总之，当朋友知道你是一个"有用"的朋友时，他便放下心和你交往，而如果你任何事都拒绝他，为他帮不上任何忙，你也就沦为"无用"的朋友，既然无用，何必维持这段朋友关系呢？

只有你真正了解了对等心理的真谛，你才能够掌控这些关系。

立场效应：多说"我们"少说"我"

当你去商场购物的时候，或许会经常听到导购员热情地说"这位美女，咱们家店里新到的裙子很适合你，要不要看一看""美女，咱家店现在正在促销呢，原价800多的商品打完折才400多""不好意思啊，咱们家的特价商品是不可以退货的"……很多时候，你就是这样听着听着，不知不觉就购买了导购员推荐的商品了。从以上这些话中我们可以总结出一个特点，那就是导购员从不说"我"，而说"我们"或是"咱们"。

当你听着这些"我们""咱们"的时候，不知不觉就萌生出信任感，也就不知不觉买回了商品。其实，她们的这些"我们""咱们"可不是随口说的，这可是有心理学依据的。没错，在心理学上有一个"立场效应"，说得通俗一些，就是"自己人效应"。想必大家都知道什么是自己人，自己人就是和自己归于同一类人的人，大部分人会对"自己人"说的话更加信赖，也更加容易接受。这个效应很好理解，相信许多人也会有这样的亲身经历。当对方和自己说"你们……"的时候，给你的感觉是说话的人和自己是不同的团体，代表着不同的立场，而如果对方说"我们……"或者"咱们……"的时候，给你的感觉是对方和自己是一个团体，是相同的立场，一下子就拉近了两个人的关系。这就是"自己人效应"的魔力。

你看，你是不是更愿意购买那些称呼"我们"或者"咱们"的导购员的商品呢？所以，我们在人际交往中也应该利用"自己人效应"为自己的人际加分。简单来说，就是多说"我们"或者"咱们"，而少说"我"和"你"。当然了，当我们说"我们"时容易引起歧义，这个"我们"既可以表示你和我还有其他人，又可以表示去除掉"你"之后的"我们"，所以，有时候为了避免被别人误会，还是换成"咱们"比较好。

刚入职的小职员不熟悉公司的情况，你和她说"咱们办公室在5楼""咱们的打印机经常坏""咱们这边经常堵车，早上可要提前一点儿出门"……这些话如果是你听见了，也会觉得心里很暖和的，无形中你已经给新来的职员留下了好印象，他们会自然而然和你非常亲近的。

和自己的领导汇报工作，"咱们公司去年的盈利多了三个百分点""咱们公司新来的这批职员都干劲十足""咱们公司最近有反应福利不太好，是不是改善一下"……你这样的陈述，会给领导留下很好的印象，从你说"咱们"就可以看出，你对公司很有归属感，在领导眼中，你必定会是一个全心全力为公司奉献的好职员。

关心同事的时候，可以这样说"咱家那装修的怎么样了，哪天去看看呀""咱家孩儿考试是不是又得了第一名呀？"……无形中拉近了自己和同事之间的距离，消除了对方之间的隔膜，更容易发展两个人的友情。

和刚认识的朋友说话，可以这样说"咱都别站着了，进去喝点儿咖啡吧""咱们都是老实人，坑蒙拐骗的事干不出来""咱们一会儿去吃点儿什么呀，我请客"……很多时候朋友的熟络就是靠着这些"咱们"才开始的，就好像是向人表明了真心，"我和你是一路的"，谁不愿意和自己一路的人交往呢？

虽然，多说一些"我们"和"咱们"可以拉近两个人的关系，但是偶尔在一些情况下"自己人"效应也是有反作用的。比如说当你和对方第一次见面就"咱们"、"咱们"的说个没完，对方肯定会觉得你是在和她套近乎，或者是有利可图，这样对方就会心存芥蒂，即便是你并没有什么歪心思，也会让别人误会。所以想要让"自己人效应"在自己身上产生正能量，还是提防一些不受用"自己人效应"的人。

有哪些人不受用"自己人效应"呢？

首先是初次见面的人，第一次见面一般来说还是不要这么亲近，否则会让人觉得假情假意，给人造成不好的印象。其次是天生戒备心很强的人，这一类人你越是要和他亲近，他就越是会觉得你要害他似的，所以和这类人打交道还是不要搞得那么亲密。再有就是同公司比自己职位高的人，在私底下交流时不适宜用"咱们"或是"我们"，这类人一般都会觉得自己比较权威，你汇报工作时用"咱们"，那是表明自己的归属感，私底下还是用"咱们"的话，就会让这类人觉得很没面子，或是失去了自己的权威。

如果把"自己人效应"运用的好，会在很大程度上提升你的人际关系，会让你成为很多人信任的人，但是如果运用不好的话，你就会变成"拉关系""套近乎""不把自己当外人"的形象了。所以任何一个心理学上的效应都不是那么简单的，想要将其恰当地运用到人际关系上面，还需要多总结、多观察、多实践，别怕麻烦。

互惠定律：有来有往，互惠互利

艾霖十分喜欢逛街，因此也结交了一些和她一样爱逛街的好姐妹，大家走在街上，讨论着今年流行的款式和颜色，逛得累了钻进咖啡厅里喝上一小杯，十分惬意。艾霖的这些好姐妹都是单身，自己吃饱全家不饿，每个月的花销就全都在逛街上，都是爱漂亮爱打扮的主儿。可命运就是如此捉弄人，艾霖坠入爱河并结婚了，也不知道怎么回事，艾霖就是爱的死去活来，结婚之后除了想踏踏实实过日子没什么别的想法。没错，艾霖开始安心工作，几乎不再逛街了，更不会买一些奢侈品。

告别逛街之后，艾霖几乎也不怎么和姐妹们逛街了，每当姐妹约她，她都是推脱有事不能去。偶然一次，艾霖想要换工作，想起这帮好姐妹来了，她们工作都不错，便想让她们帮个忙，谁知道打了十几个电话，大家不是说没时间，就是说没什么关系，总之推的干干净净。艾霖十分诧异，这帮小姐妹都是怎么了？一个个都好像是和自己没有关系似的，当初一起逛街的时候，可不是这样的。

如果说这个世界上有一种朋友可以一直维持下去的话，那这种朋友关系必定是建立在互惠定律上的。什么是互惠定律呢？互惠定律就是说给予就会被给予，剥夺就会被剥夺，信任就会被信任，怀疑就会被怀疑，爱就会悲哀，恨就会被恨。而运用到社交中，通俗一点儿就是说朋友应该建立在互惠互利的关系上，如果你一味地索取，而不付出，关系就会崩塌。如果某一个人得不到"惠"，关系也将瓦解。只有达到了"互惠"，这段关系才能继续维持下去。

故事中的艾霖和姐妹们的关系正是因为达不到"互惠"，所以才失去联系的。一开始的时候，大家都是单身，一起逛街是因为彼此都需要人陪，而艾霖结婚之后，她告别了逛街，也就是说其他小姐妹已经在她这里得不到她的"陪伴"了，那么，她们还有什么样的理由继续维持这段关系呢？

这样说来，很多人可能接受不了，似乎感觉世界上的友谊都是和利益挂钩的，那如果是这样的话，岂不是每个人都没有真正的朋友，世界上也没有什么真正的友谊了吗？当然不是，"惠"是一个很宏观的概念，它不仅仅指我们通常所说的"金钱"、"后门"、"物质"等，它还包括情感类的物质，比如说：分享、陪伴、倾听、理解等。想想看，你和闺蜜不就是这样吗？闺蜜可能没办法帮助你升职加薪，但是却可以在你难过的时候陪伴你，在你开心的时候一起和你分享，而你也是这样做的，所以你们关系一直很好。倘若有一天，闺蜜难过了，你没有陪伴她，她开心了，你没有和她一起分享，那么就已经达不到"互惠"了，时间久了，感情就淡了。

那么，如何在我们的社交生活中将互惠定律运用起来呢？

首先，想要交到朋友，就需要让朋友在自己的身上看到"惠"。也就是看到对他们有利的东西。这个东西可能是你的独特气质能够吸引人积极向上，可能是你的人脉宽广能够帮助别人，也可能是你善解人意能够宽慰别人。总之，要让别人看到你是一个身上有"惠"的人，这样别人才愿意和你交往。

其次，人家带着"惠"来，你也要送人家点儿"惠"。有些朋友主动送上门的时候，可千万不能丢掉交朋友的好机会。当然了，人家主动和你交朋友，必定是带着"惠"来的，如果你愿意交这个朋友，你也要送人家点儿"惠"。中国人的传统，这叫礼尚往来。只有这样，这段关系才能维持下去。

最后，没有"惠"，也要客套两句。每个人的能力都是有限的，别人能帮你的大忙，你不一定也能救人于危难之中。这个时候，当你实在捉襟见肘，已经拿不出"惠"给别人的时候，一定要记得客套两句：下回有机会肯定好好谢谢你。或者干脆请人家吃顿饭什么的。但是，要记得欠人家的人情一定要还，否则你在你的圈子里真的就没法待了。你在大事上可能帮不了人家，小事上总应该可以的吧，没事帮点儿小忙也能让人看到你的真诚。但是，谨记不要一味客套说虚话而不做实事，否则时间长了，这段关系也没办法维持了。

只要你在社交中始终遵循着互惠定律，你就能让自己的社交关系处于良好的状态。交朋友不是做买卖，不能存在侥幸心理，你这次占了这个人的便宜，转头就跑，下次占了那个人的便宜，也转头就跑，久而久之，大家都会知道你是一个什么样的人了，想想看，谁还会与你交往呢？真诚地付出，才能得到真诚的回报，不要投机取巧。社交不是一锤子买卖，社交是需要你真诚地付出的。

缺陷效应：你的"完美"，可能吓走别人

生活中，我们或许会有这样的发现，当你身边出现一个十分完美的人时，自己内心发出的不是赞美之情，而是由内而外的排斥心。尤其是女人，这种现象十分明显。一个美丽的女人，身材极佳，能力也超强，可是她很难交到朋友，甚至没有女人愿意理会她，这究竟是为什么呢？

小巧就是一个十分完美的女人。个子高挑，脸蛋白净，五官端正，算得上是大美女了。都说漂亮的女人没脑子，可小巧偏偏就是个例外，她很聪明，刚一进入自己的部门就迅速进入角色，上司很快就发现她的才能，刚来一个月就得到了晋升的机会。小巧是一个十分活泼开朗的女孩子，她很希望和新同事建立良好的关系。一个月后她升职加薪了，想请大家吃个饭，可结果大家都推脱有事不去，办公室里只有两个男同事，他们两个倒是愿意去，可是见到别人都不去，他们也就只好找个借口说不去了。小巧十分郁闷，心想着自己刚来，就要请大家吃饭，这个举动未免有些唐突了，就打算和大家相处一段时间之后再请客。可是，工作中，小巧发现，自己的同事们都不是十分愿意理会自己，更别提答应自己去吃饭了。而另外的女同事请客，大家都会去，却唯独不邀请她。

于是，小巧意识到自己被排斥了。可是，究竟为什么呢？她自以为自己做的很好了，没有什么地方做的不妥，为什么会遭到排斥呢？

其实，小巧并没有做错什么，只是她太完美了，她的错正是她的完美。女人天生就有嫉妒心，很少有女人会真心实意地羡慕、崇拜另外的女人，当看到有的女人比自己优秀时，内心出现的是嫉妒。不用感叹女人为何如此，女人天性就是这样的。所以，在人际交往中不要摆出一副自己"完美无缺"的样子，要适当表现出自己的缺点，这

样才不至于让自己落得连个朋友都交不到的下场。

　　社会心理学家通过对社交中的这些"完美现象"进行分析，得到了这样的结果，那就是一个十分完美的人，应该适当暴露自己的缺点，这样既不会影响自己的形象，还可以获得较好的人缘，这也就是心理学中的"缺陷效应"。

　　一般来说适当暴露自己的缺点，会有两个好处。第一个好处就是，会让你身边的人觉得你还是一个普通人，你并没有超能力，会觉得你比较好相处，其实，换做是自己也知道，谁愿意和一个完美的人在一起相处呢，和完美的人在一起只会让人感到十分压抑，让人觉得自卑。第二个好处就是，更容易让人感觉到你的真诚，最起码在别人面前，你不做作、不作秀，别人也就更愿意真诚地和你交往了。

　　谁都知道世界上没有十全十美的人，每个人都是有缺点的。你可能会觉得要设法藏起自己的缺点，把自己的优点展示出来。可是，你有没有想过，当你第一时间展示的全部都是自己的优点，而慢慢才把缺点暴露出来，这会让人觉得你十分做作呢？而且，一开始给别人留下的好印象全都毁于一旦了。而如果交换一下，先暴露出自己的一些缺点，让人逐渐去发现自己的优点，是不是更容易让别人觉得自己是一个可敬可爱的人呢？

　　生活中有许多人是很喜欢运用"缺陷效应"的，有一所小学的校长，在和自己手底下的老师交往时，就将自己马虎、爱喝酒的缺点展现在老师面前，所有的老师都不把他当做校长，而是当做一个可爱的小老头，老师们和校长的关系都很好，学校也处于十分融洽的状态。可是，校长毕竟是校长，他之所以坐到校长的位子上必定有他的杀手锏，他治学严谨，工作起来一丝不苟，让很多老师又十分信服。而有些学校的校长一味在老师面前显示自己的优点，树立自己的威信，结果让老师都敬而远之，校长无法和老师打成一片，只要是有校长的地方，那就是十分严肃的地方，这让校长自己和老师都觉得十分别扭，对于治学来说，更别提有什么好处了。

　　缺陷效应适用于许多地方，和同事的交往，和上司的交往，和下属的交往，和合作公司的交往等等，都可以将缺陷效应运用进去。暴露自己的缺点是艺术，要暴露缺点，但又不是暴露全部的缺点，学会适可而止，如果自己的全部缺点都暴露在别人面前，别人或许就会觉得自己满身缺点，一无是处，也就没有交往的必要了。

女人总是向往完美的，无论是自己的服饰方面，还是工作方面，都力求能够超越别人。可是别忘了高处不胜寒，当你真正到达你自认为的"完美"时，你也就离被孤立不远了，不要总想着鹤立鸡群，有时候鹤立鸡群并不是好事，因为这个社会上一个人是难以成事的，只有借助别人的力量，才能达到自己的目的。

一个有缺点的你，比一个完美的你更受欢迎，如果你想成为万人迷，那就要小心自己的完美把别人吓走！

逆反效应：强迫不如引导

不知道你有没有这样的经历，当你越是想要自己的老公在外应酬不喝酒时，他就越是会喝得醉醺醺的回来；当你越是想要自己的孩子逛商场时乖巧一些，他就越是会跟你闹得不可开交；当你越是想要和老板进行砍价时，他就越是不会给你让价；当你越是想要让自己的客户购买这款商品时，他就越是会购买其他商品，或者干脆停止购买。

人们常说"事与愿违"，就是这个意思。这是为什么呢？难道真的是老天爷喜欢和人开玩笑？其实不然。心理学上有一种效应称为：逆反效应。逆反效应，就是指当人们受到某种立场或者思维定势的影响时，就会产生与传播这种立场或思维定势的传播者相反的心理倾向。当传播者越是想要向人们传播某种内容时，人们越容易产生不满、怀疑和抵触、排斥的心理，从而让这些内容的传播产生负面效应，人们在这个时候产生的心理称为逆反心理。

莉莉是一家护肤品柜台的售货员，刚从事这份工作只有一个多月的时间，莉莉向自己的前辈们抱怨，自己做这份工作简直就要气死了，顾客们总是和她对着干。有一次，一个看上去像是富家太太的女人过来买护肤品，莉莉见她颇有财力，便想她必定能消费得起价格较高的护肤品，于是就把最好的护肤品给她拿来了，富家太太也有意向要购买，对于护肤品的价钱并没有异议，只是觉得功能可能满足不了她。莉莉就向这位富家太太介绍产品功能，可是富家太太总是有所犹豫，莉莉显得有些着急了，和富家太太坦白讲这款商品是最适合她的。结果这个富家太太一甩手走了，当时莉莉几乎要把全部商品都推荐给她了，介绍了那么多，结果她一个都不买，莉莉能不生气吗？莉莉对自己的前辈们说，自己有时候真是为了她们好，绝不昧着良心赚钱，有的护肤品效果并不出众，莉莉绝不会推荐给顾客，而是推荐其他有效的商品，可结果顾客们却不领情，绝对不会购买莉莉推荐的商品。莉莉觉得自己根本就是好心当作驴肝肺。

其实，莉莉的事例就说明了逆反效应的存在，她非常卖力地向顾客推销，但让顾客产生了逆反心理，从而导致发生逆反效应，导致销售失败。

逆反心理究竟是怎么出现的呢？这其实是因为人们的思维定势，本身对事物已经有了自己的看法，当同样或者同类型的事物出现时，他们依旧用自己当初的看法来看，比如说人们在购买商品时就认为推销员越是向自己推销某种商品时，那这种商品就是利润越大的，或者是急于卖出去的，所以，当遇到推销员推销时，她们就拒绝购买，这就是一种思维定势。让我们看看逆反心理的特征：对抗性、情感性和延续性。对抗性表现的是产生的思想和对方想要传播给自己的心理是完全相反的，这是一种心理失衡，从而产生的心理对抗；情感性，通常带有情感成分，通常表现为不满、抵触和对立等情绪；延续性是指这种思维定势有可能还会继续延续下去，会对将来的事情产生恶劣的影响。

对于这些思维定势，采取强迫的手段，就会让人产生逆反心理，从而产生逆反效应。而如果可以耐心引导，那将会产生积极的效果。

那应该如何进行积极地引导呢？

一、应该耐心讲解。当你想要让对方按照自己的意愿来做事情的时候，一定要有耐心，讲出自己的理由，不能说出过激的言语，不能发脾气，更不能说出"你必须……""你一定要……"等的话出来。耐心讲解的过程，会让人看到自己的真诚，这是一个非常容易打破对方思维定势的方式。

二、给对方时间消化。想要打破思维定势是不容易的，你不要一味地讲解，你需要给对方时间来消化自己的讲解，让她自己想，她自己可能需要十分钟想明白，而你即便是讲一个小时也未必能让她想明白。

三、必要时弃之不理。很多时候，你越是讲解的多，对方越是不理解，那就干脆弃之不理，不要再理会了。当你弃之不理的时候，对方或许就认为你并不是非要他这样做，他便会自己想清楚。这就是为什么有时候热情的导购员忽然不说话了，而你自己想了想就决定购买了。有的时候的确需要让对方冷静一下，这一点在引导时是十分必要的。

所以,当我们在社会生活中,想要让事情按照自己的意愿去发展时,一定不要急功近利,不要采取强迫的手段,让事情产生逆反效应。要试着冷静一下,让自己耐心地去引导对方,从而改变对方的思维定势,让事情向着自己期待的方向去发展。

顺水推舟：把别人送你的"高帽子"转嫁出去

清秋是一家合资企业的总经理，人长得漂亮，身材也超棒，最重要的是工作能力十分强，年纪轻轻就做到了总经理的位置上。刚刚坐上总经理的位置，不少人就来找清秋了。经常夸奖清秋真是不可多得的人才，年纪轻轻就把公司打理得这么好。清秋毕竟年轻，不懂这些人情世故。人家说着，她就听着，也不觉得别人是在拍马屁，毕竟他们说的都是事实。可一段时间之后，求清秋办事的人就蜂拥而至，都是曾经追捧过她的人，她也不好意思拒绝，只要没什么大问题，她都替人家把事情办好了。可是，没过多久，她这个总经理的位置就拱手让人了，董事会认为她心高气傲，人情太多，还应该再历练一下。

几乎所有人都曾像清秋那样，遇到过被人戴高帽子的事情，在社交生活中，给别人戴高帽子，别人给自己戴高帽子，似乎是无法避免的事情。社交中，如果我们细心一点儿的话，就会发现那些善于给别人戴高帽子的人，在任何一个地方都十分受欢迎，而那些不擅长给别人戴高帽子的人，不能说不被人喜欢，人气不太高是肯定的。但是，许多被戴高帽子的人，都十分苦恼，这高帽子一戴上可就不好摘下来，而且不少人因为戴着高帽子，不得不去做自己不愿意做的事情。在探究如何摆脱高帽子的烦恼时，我们先来看看为什么人们如此热衷于给别人戴高帽子。

一、有求于人。想要求别人办事，先给对方戴一顶高帽子。一些人耳根儿软，当别人夸赞自己的时候，就会觉得不好意思，这个时候人家紧接着求自己办事，肯定是不好意思推脱的。还有一些禁不住夸赞的人，一有人给自己戴高帽子就开始飘飘然了，随口便答应给人家办事了。

二、和对方套近乎。都说良药苦口利于病，忠言逆耳利于行，可是想要和对方搞好关系，一味给人家"忠言逆耳"，是绝对行不通的，只有戴高帽子才能和对方套近乎。所以，当许多人想要和对方套近乎的时候，采取戴高帽子的方法是十分有效的。只不过，套近乎的最终目的也是有求于人，现在拉拢好关系，是为了将来求人办事方便一些。

无论是出于什么目的，对于被戴高帽子的人来说，都是不利的。有些人一旦被人戴了高帽子，就开心地不知道东西南北了，迷迷糊糊答应人家的事情，自己却不知道如何去办。而有些人被人戴了高帽子，不知道如何摘下来，人家求自己办事，实在不好意思拒绝，可是如果给人家办事的话，又会十分为难。如此看来，被戴高帽子的确不是一件好事，所以，我们应当想办法把别人给自己戴的高帽子摘下来。如何摘下来呢？最好的方法莫过于顺水推舟，把这顶高帽子转嫁出去。

如何将别人给自己戴上的高帽子转嫁出去呢？有这样两种方法。

第一种：互相戴高帽。当别人已经话里话外在给自己戴高帽子了，那么，不妨你也给对方戴高帽子，他给你戴一顶什么样的帽子，你就顺水推舟给他也戴一顶什么样的帽子。想想看，对方为什么要给你戴高帽子呢？那必定是将来有求于你的。所以，当你也给对方戴高帽子的时候，就会给他造成一些心理暗示：你也有求于他。这个时候，他就要考虑一下了，到底还要不要跟你套近乎，别自己的事办不成，反倒帮你办成了事。这样的事情对于他们来说可就亏大了。所以，你要学会给别人戴高帽子，尤其是给那些给你戴高帽子的人。

第二种：把高帽子转嫁给第三方。当别人给你戴高帽子的时候，你转瞬便把这顶高帽子转嫁给第三方，不失为摘掉高帽子的最佳方法。比如说有人夸奖你"做事情永远都那么勤快，这一点儿谁也比不了"，你可以立即摆摆手说"再勤快也没有××勤快呀，人家每天七点半就到公司了，这我可比不了"。转嫁给第三方并不是简简单单地夸奖一下第三方，而是要举出十分有震慑力的例子来。当你如此转嫁高帽子的时候，对方首先会觉得你不想戴这顶高帽子，其次会觉得有比你更合适的人选，最后他会有一种戴错高帽子的挫败感。如此一来，他就不会再纠缠你了。

高帽子不是人人都能戴的。一些政府官员，或是一些企业老总，正是因为频繁地被人戴上高帽子，自己得意洋洋，轻易就帮人做了不该做的事情，结果导致自己下马。

这样的事情层出不穷。所以，我们应当警惕社交生活中高帽子的出现。无论别人说的是真也好，假也罢，都不能等闲视之，应该及时摘掉自己头上的高帽子，否则不一定哪一天麻烦就找上门来了，自己也会追悔莫及。

登门槛效应：先得寸后进尺

小梅是一个表演专业的学生，有一部电视剧去她所在的学校选演员，导演恰好选中了她，小梅十分开心，本以为自己可以踏上演艺道路，却没想到导演却告诉她，因为角色的需要，这个角色是十分瘦弱的，而她似乎有一些丰满，于是要她在三个月的时间里减肥十五斤。小梅一听这话立即傻掉了，她觉得这未免太痛苦了，自己根本不可能在三个月里减下十五斤。思虑再三之后，小梅决定放弃。

于是，小梅找到了导演，她说既然这个角色需要瘦弱的演员，那不如直接找一个瘦弱的演员来演，自己就算了吧。可是，导演却说你的性格很适合这个角色，这样吧，你下个月减五斤吧，这个应该做得到吧。虽然小梅心里还是有些不愿意，可是为了角色，她觉得一个月减肥五斤应该不成问题的。一个月过去了，小梅成功减了五斤，导演又说下个月继续减五斤吧，这个月不是挺成功的嘛。尽管心里别扭，可小梅心想一个月减五斤自己已经做到了，再减五斤就减五斤吧。一个月过去之后，小梅又成功瘦了五斤。可是，导演却说下个月还要减五斤。小梅有些想要放弃了，可是导演却说都坚持了两个月了，最后一个月不能再坚持吗？小梅想想，还是坚持下来了。最后，导演说，三个月减十五斤，你说你做不到，你看你现在不是已经做到了吗？

很多时候，我们都会像小梅一样，当一个看似很苦难的任务摆在我们面前时，我们可能难以接受，觉得这是根本无法完成的任务，甚至很多时候就干脆放弃了。可是当把这个任务分割成细小的几块后，我们会发现竟然轻而易举地完成了。

没错，这就是登门槛效应。登门槛效应又称为得寸进尺效应。就是说一个人如果接受了别人一个小要求，为了避免不协调，也为了给人留下前后一致的印象，他还可能接受更大的要求。就好像是走楼梯一样，人的可接受限度是无限的，可以一台阶一台阶的登上去。

美国的心理学家曾经做过这样的实验,将一些家庭主妇分为两组,派人到第一组家庭主妇家中,请求她们在自己家的庭院里安放一个又大又丑的招牌,结果有80%的家庭主妇直接拒绝这样的请求。再次派人到第二组家庭主妇家中,请求她们在自己庭院中放一小块招牌,结果这些家庭主妇都同意了,第二次再向这些家庭主妇提出安放一块稍微大一些的招牌,大部分家庭主妇同意了,第三次再向这些家庭主妇请求安放一个又大又丑的招牌,结果有超过一半的家庭主妇同意了。同样是一块又大又丑的招牌,按照第一次的方法,有80%的人不同意,而采取第二次的方法,有一半以上的人同意。同样一块招牌,采取两种不同的方式,竟然会产生如此大的区别。这就是登门槛效应的神奇之处。

登门槛效应在生活中的运用是很多的,究竟如何运用登门槛效应呢?我们来看一下。

一、分割任务,循序渐进。对于自身来说,当我们遇到一个十分艰难的任务时,不妨把这个任务拆开来看,先给自己制定一个较小的任务目标,随后将任务目标一点一点加大,我们就会发现原本认为不可能的任务,经过自己一点点努力,竟然已经完全可以达到了。很多时候,其实可怕的并不是艰巨的任务,而是我们内心的恐惧,一旦我们内心出现了恐惧,即便是可以完成的任务也变成了不可能。所以,我们要学会分割任务,将一个大目标分割成几个小目标,循序渐进,不着急,不上火,慢慢来,我们最终是可以达到这个目标的。即便是达不到这个最大的目标,最起码我们也知道了自己的极限在哪里。

二、先得寸后进尺。对于社交生活中的交往问题来说,当我们想要让别人接受很难接受的事物时,不妨也采取登门槛的方法,先让对方接受一些较容易接受的事物,然后一层一层地增加,直到对方能够接受最初很难接受的事物为止,这就是先得寸后进尺。很多时候,正是因为我们太心急了,总想要让对方一下子就接受自己提出的要求,可是往往事与愿违,还不如一步一个脚印来,先让对方接受小的要求,再提出大的要求,这样对方就容易接受了。尤其是对于一些十分棘手的问题,这一招是屡试不爽的。

在生活中，无论是对自己，还是对别人，我们都应该把登门槛效应运用起来，它的出现会让我们不断超越自己，让自己不断挖掘自己的潜能，也能让自己在社交生活中，变得更加如鱼得水。

暴露策略："小秘密"可以拉近彼此的心

苏苏接二连三换了几个工作，终于站稳了脚跟。很多人都说苏苏是一个不安分的姑娘，换工作和换衣服似的勤快。可是，尽管苏苏在每个公司待得时间都不长，可她和每个同事的关系都不错。即便是辞去工作后，和之前的同事也还是有来往，而且关系十分密切。这让苏苏的好友十分奇怪，她是如何在短时间内建立起这些深厚的感情的呢？苏苏笑了笑，把自己的秘诀告诉了大家，她说自己是个实在人，很直白，经常和大家透露自己的小事。比如她曾经告诉自己的一个同事，自己胳膊上的赘肉特别多，经常会买一些蝙蝠衫来遮挡自己的赘肉；她还曾经告诉自己的一个同事，自己银行卡上有多少存款，自己这个月又花了多少钱等等。苏苏自己也不明白，为什么当大家听了这些小秘密之后，忽然就变得和她关系很好了。实际上，苏苏并不觉得这些是秘密，因为她就是一个很直白的实在人，都是有什么就说什么的。

其实，苏苏在不知不觉中已经使用了社交心理中的暴露策略，正是暴露策略帮她赢得了同事的好感。暴露策略就是指有意无意将自己一些隐私的事情透露给自己周边的人，这会加深周边人对自己的好感，获得周边人对自己的信任。说得通俗一点儿就是你的"小秘密"能够让彼此的心更近一些。

可是，这究竟是为什么呢？难道一个小秘密就可以改善两个人的关系吗？首先给大家提一个问题，你会对谁讲出自己的秘密呢？我们或许会毫不犹豫地回答说：闺蜜、好友、父母、爱人等。会和闺蜜讲秘密是因为闺蜜是最懂得自己心思的人，既会帮自己保守秘密，又会帮自己出谋划策；会和好友讲秘密是因为好友是自己的好朋友，她们最起码不会出卖自己，哪怕帮不上忙，也绝对不会把这些秘密告诉别人；会和父母讲秘密是因为父母是自己最亲最爱的人，世界上任何人都有可能出卖自己，而父母绝对不会，而且，父母是绝对不会笑话自己的；会和爱人讲秘密是因为爱人是这个世界上和自己相偎相依的那个人，也是自己在这个世界上最爱的那个人。

看见了吧，你必定是对自己最亲近的人讲秘密，而并非是一个陌生人，或者是一个和自己没什么交情的人。你是这样想的，而听秘密的人也是这样想的。所以，当你把一个秘密告诉她的时候，她会从心里感到诧异，因为她并不知道自己和你的关系那么好。这个时候，你就会传达给她一个信号：我把你当成好朋友。而这个信号恰恰会让对方十分欣慰，因为她从不觉得自己有那么大的人格魅力，能够到达可以讲秘密的地步。正所谓将心比心，你付出了真心，她自然也会用真意来呼应你了。这也就是为什么苏苏无意中把自己的秘密讲出来，会得到那么多的好朋友了。

但是，暴露自己的秘密可不是那么简单的事情，难不成真的要讲出自己的秘密吗？这就需要给大家提提醒了。

一、不是什么秘密都可以说的。秘密如果都说出来，那还叫秘密吗？所以，不是什么秘密都能说的。比如说自己和其他好友的约定，父母之间的矛盾等等，这些是你自己的秘密，不能随便和外人讲。这些秘密即便是和自己的好友，也是应该思虑再三才能说的。自己选取说出去的秘密可以像苏苏那样，不伤大雅的秘密，既不会让自己的名誉受损，又不会暴露家丑。比如女人可以讲一下自己身材的小秘密，自己买东西是如何杀价的，自己保养皮肤有一些什么秘诀之类的。

二、不是什么样的人都适合听秘密。有些人天生就是大嘴巴，你告诉她的秘密，下一秒钟她就会告诉别人，让你十分难堪。所以，当你想要通过暴露策略拉近自己和他人关系的时候，也需要先打探一下，自己想要拉拢的到底是一个什么样的人。如果她真的是一个随便透露别人秘密，或者是一个根本就不值得交往的人，那你还是算了吧，到最后也是竹篮打水一场空。

三、别透露太多自己的信息。说者无心听者有意，在生活中要小心隔墙有耳，更要警惕和自己对话的人是不是有意而为之。所以，透露小秘密的时候一定不能透露自己太多的信息，否则最后吃亏上当的还是自己。像一些人可能借助迷信，假装会算卦，结果一口气能把你们家所有人的情况说出来，这倒不是说会是自己同事透露出去的，有可能是这些人无意听到的，或是无意中同事给说漏了嘴，这都是不一定的事情。所以，谈话的时候别透露自己太多的信息，否则会被坏人有机可乘。

　　暴露策略能够让你拉近自己和同事的关系，让你们打消彼此之间的隔阂，让你能够和同事相处得更好，但是使用暴露策略的时候也是要小心再小心，可千万别让自己的小秘密成为全天下都知道的"秘密"。

相悦定律：你喜欢别人，别人就容易喜欢你

小月月今年刚刚上初中一年级，从小学一年级开始，小月月的成绩就一直是名列前茅，老师经常拿她做榜样，在班里表扬她，因此小月月有些骄傲。到了中学里，小月月忽然觉得自己好像被同学们孤立了，回到家她和自己的妈妈说，我没有什么不好的呀，可是为什么同学们都不喜欢我呢？妈妈问她自己觉得班里的同学怎么样呢。小月月露出十分讨厌的表情来，那个孙宇飞太胖了，我不喜欢，还有那个李菲菲，长得挺漂亮的，太傲气了，不愿意理人，文文还不错，就是总是巴结老师，让我讨厌……

小月月一连说了一大串的名字，快要把全班同学的名字说遍了，可就是没有一个同学是她喜欢的。于是，妈妈说同学们不喜欢你，是因为你也不喜欢他们，你喜欢别人，别人就容易喜欢你了，你可以试试看，同学们并不是你说的那样没有优点的。一个月之后，小月月开心地告诉妈妈，她已经交了好几个好朋友了。

在生活中很多人会发现，自己并没有什么缺点，可就是没有人喜欢自己，无法在同事间混一个好人缘，无法让上司赏识自己，无法在朋友间拥有超高人气。这是为什么呢？你可能会觉得这是他们不懂得欣赏，你或许还会觉得这是因为他们嫉妒。其实，这些都是你为自己找的托词罢了，真正的原因并不在别人身上，而是在你身上。当你不喜欢别人的时候，别人也是很难喜欢你的，而当你表现出对别人很喜欢、很欣赏的时候，别人才会喜欢你。这就是社交中的相悦定律。

相悦定律，就是人和人在情感上的和谐和相互喜欢，这种和谐和喜欢可以强化人际间的相互吸引。也就是说，你喜欢别人，就会吸引别人来喜欢你，这就是情感的相悦性。所以说影响他人喜不喜欢你的重要因素就是：你喜不喜欢他。

世界上最伟大的卖车人乔·吉拉德，之所以会在每天能卖出五辆车，就是运用了

相悦定律。为了让顾客喜欢自己，他经常会做出一些让别人十分不理解的事情。他会每个月给自己的顾客寄去一张问候卡片，卡片上只有短短的一句话：我喜欢你。正是如此，他被称为"世界上最了不起的卖车人"，还打破了吉尼斯世界纪录。在相悦定律的作用下，吉拉德表现出喜欢顾客，顾客也就更容易喜欢他，因此也会选择买他的车。

如果你想要拥有一个好人缘，想要交到更多的朋友，想要拥有一个超高的人气，那就必须要懂得心理学中的相悦定律。那么，在社交生活中，如何运用相悦定律呢？

一、如果你厌恶他，他会更厌恶你。生活中，不乏一些让我们十分厌恶的人，别管是什么原因让我们厌恶他，这只能造成一个结果，那就是他会更厌恶你。当你厌恶他的时候，会传达给他讯息，谁都不会喜欢一个厌恶自己的人，因此，他只能会加倍地厌恶你。而且，这种厌恶被周遭的人看到之后，也会影响到别人对你做出正确的评价。所以不要轻易厌恶一个人，厌恶只会让你掉入被人厌恶的怪圈中。

二、不轻易说难听的话，更不当众指责。有时候你会发现，当你不经意说出一句骂人的话，或是一句令人十分讨厌的话时，可能会遭到更为难听的话的反驳，让你十分尴尬和难堪。想要避免这些，那就管住自己的嘴。除了不说难听的话之外，还需要注意的是不要指责别人，这一次是你指责别人，下一次别人抓住机会必定也会指责你。而如果别人犯错，你采取宽容的态度时，那么当你犯错，别人也会对你宽容的。

三、传达喜欢的气息。任何人都希望得到别人的喜欢，所以，当你向别人传达喜欢她的气息时，便会传达给她一种正能量，在正能量的驱使下，她也会喜欢你的。所以，想要拥有超高的人气，那就必须要传达出喜欢别人的气息，让这种喜欢的正能量为你带来新的人气。同时，这种正能量也会影响你，更加积极、更加勇敢、更加阳光地面对你的生活和你身边的人群。

四、接触自己不喜欢的人。正所谓林子大了，什么鸟都有，这个世界上有太多太多的人，大家都各自有优缺点，可能真的有那么一些人是你十分不喜欢的，你当然可以讨厌她，只是讨厌她会给你带来好处吗？不会。所以，不如试着去接触她，真正的智者是勇于和自己厌恶的人做朋友的。接触之后，或许你会发现她身上的优点，或许你会越来越喜欢她。人无完人，多一点发现，多一点智慧吧。

相悦定律就是如此，你喜欢别人，别人也更容易喜欢你。所以，不要轻易讨厌别人，要将喜爱的正能量传达给自己身边的人，这样你才能成为一个受欢迎的人，才能和大多数人做朋友，才能在职场拥有属于自己的圈子。不要吝啬自己的喜欢，多一个自己喜欢的人，多一个喜欢自己的人，总比多一个自己厌恶的人，多一个厌恶自己的人好得多吧。聪明的你，相信可以轻易做出正确的选择。

近因效应：感情不是你有空才珍惜

琳琳是个典型的射手座，对于朋友，只想念不联系。在上学的时候，因为外向开朗的性格，让琳琳交了许多好朋友，其中不乏一些无话不谈的闺蜜。可是，大学毕业之后，大家都各奔东西了，说好了毕业之后常联系，可琳琳天性就是如此，对于自己的朋友，只会偷偷看她们的朋友圈、QQ空间、人人空间之类的，但就是很少发个短信、打个电话。工作一段时间之后，琳琳想要出去玩玩，于是就在QQ上联系那些在外地的朋友们，看看谁有空可以接待自己，她再决定去哪儿玩。可是，在QQ上几乎把好友问了一个遍，也没有一个人给她一个确切的答复。有的说最近工作很忙，有的说最近在出差，有的说最近家里有很多事情，竟然没有一个人说你来吧，我接待你。

琳琳很纳闷，大家都是怎么了，一个人有事，难道大家都有事吗？于是，她就想找人聊聊天，先找的是自己大学时最好的朋友，可是还没说两句，人家就说工作忙，改天有空聊。琳琳意识到自己的这些朋友都已经快要忘记自己了，她十分懊恼，自己并没有做错事啊，怎么大家都这么对自己呢？

其实，琳琳的问题恰好出现在她自己的身上，并不是大家忘记了她，也并不是毕业之后大家都变了，而是因为琳琳毕业之后都没有联系过大家，让大家几乎已经忘记了琳琳的存在。心理学上有一种近因效应，就是说人们在标记一系列的事物时，往往最末尾的部分是记忆最深刻的，而中间的部分将会省略许多，很容易忘记。尤其是当信息中间间隔的时间较长时，近因效应是十分明显的，这是因为之前的信息已经逐步忘记，而近期的信息又十分突出，所以更容易记忆。

琳琳正是如此，她大学期间是十分活泼开朗的，但是随着时间的流逝，这些记忆会越来越模糊，琳琳又不知道和大家保持联系，所以，大家渐渐忘记了琳琳当初的样子。不和大家联系的琳琳会让大家觉得很冷漠，于是，冷漠的琳琳更容易被大家记忆，琳琳的朋友们也就越来越疏远她了。

心理学家曾经做过实验，同样一段文字，分为几个部分，用同样的讲述方式讲述给受试者听，结果几乎所有的受试者都是对最后一部分文字记忆深刻。这就是为什么有些演员从未演出过好作品，称不上一个好演员，而突然有一次饰演了一个成功角色，人们的评价立马就变成她是一名出色的演员，对于之前的角色全部忽略不计；一些企业集团一直给人冷漠的印象，偶然一次出现企业员工见义勇为的行为，人们立即认定这家企业集团是一个积极向上的好企业；一种食品一直被人们认为是非常健康的，而最近的一起新闻报道中称，这种食品操作环境不卫生，人们就立即觉得这种食品是不能吃的……

很多事情都是因为近因效应的作用，才会发生了突然的转变。值得我们注意的是，在人际交往方面，常常会出现负性近因效应。打个比方，小张和小李是好朋友，两个人无话不谈，十分要好，可是，最近一段时间小李总是不爱理会小张，忽然有一天，小张知道小李打架被抓进派出所，小张立即感觉自己被骗了，认为小李根本就是一个不法之徒，于是小张就和小李断绝了来往，这就是负性近因效应。无论之前的小李对小张是多么好，一旦发生了最后的坏事，小张对小李的印象都会降到最低。

感情，并不是等我们需要时才去维护，更不是等我们有空的时候才去维护的，所以，为了避免在人际交往中出现负性近因效应，我们应该学会为自己的感情保鲜。

想要为自己的感情保鲜，首先要时常和自己的朋友保持联系，哪怕只是发个短信，哪怕只是打电话中的几句寒暄，哪怕只是朋友圈里的一个回复，哪怕只是 QQ 空间里的一句留言，你做的这些并不是白费功夫，这会让你的朋友知道你是惦记着她的，你最后留给朋友的印象是你还在惦记着她们，这对于你的人际交往是十分有利的。

其次，要学会传达正面的信息。难道是把自己不好的一面隐藏起来吗？并不是，只是说叫你多做一些传递正能量的事情，那些负面的事情最好连做都不要做，如果在迫不得已的情况下你做了负面的事情，那么你就要及时作出说明，让朋友们理解你。

最后，要学会改变人们对自己的看法。就算是你之前留给人们的印象是十分差劲的，你也是可以利用近因效应改变大家看法的。可能一次两次并不会起到效果，但是次数多了，人们对你的印象就会改变的。因为之前的印象会随着时间越来越模糊，而你做出改变后的印象却越来越深刻，久而久之，大家对你的看法就发生了改变。

不要吝啬自己宝贵的时间，多和朋友保持沟通，保持交流，才能让自己的感情处于新鲜的状态。就好比是工具，你不能说用就用，如果平时你不注意保养工具，当你需要时，就会发现工具已经生锈了，已经失去了使用价值。朋友也是如此，想交朋友，那就要注意"保养"朋友，才能做到想用时就可以用到。

相似效应：营造"一见如故"的感觉

曾经有心理学家做过这样的实验，选取了一些各方面条件都十分相似的女学生住在了同一间宿舍里，而选取了另外一些各方面条件都相差较大的女学生住进了同一间宿舍。经过一个月的相处之后，再对这些人进行调查，结果表示，条件相似的那个房间里的女学生们都成为了好朋友，大家相处十分融洽，而条件相差较大的那个房间里的女学生则关系很一般，大家经常会发生一些摩擦，算不上是好朋友。

我们可以从中看到的是：条件相似的人更容易成为朋友。也就是说我们更喜欢与那些和我们条件相似的人做朋友。不信你可以看看自己身边的朋友，和A关系好是因为她和你喜欢的明星一样，和B关系好是因为她的性格和你差不多，和C关系好是因为她的口味和你几乎相同，和D关系好是因为你们都喜欢周末的时候上瑜伽课，和E关系好是因为你们的消费水平差不多……任何一个能够和你成为朋友的人，身上都或多或少和你有着相似的地方。

不用感到奇怪，因为这就是心理学中的相似相亲效应，简称相似效应。相似效应就是说我们喜欢和自己相似的人，比起和自己不相似的人来说，相似的人更容易和我们互相喜欢和亲近。相似效应实际上是人最原始的本能，就好像猴子会找猴子一起玩耍，小孩子会找小孩子一起玩耍，老年人则喜欢和老年人在一起交谈，跳舞的人会喜欢和跳舞的人在一起，唱歌的人会喜欢和唱歌的人在一起等等。

羽然初入职场，她是一个十分有上进心的女孩子，她知道想要让自己进步地更快，就需要向自己的前辈学习，想要在职场中站稳脚步，向自己的同事学习。于是，羽然总是很精心地交朋友。可是，羽然却交不到朋友。先看羽然的穿着，公司是一家设计公司，公司里的人穿着十分随便，而羽然却是标准的职业装，公司里的氛围总是十分愉悦的，大家会因为设计工作而大声争吵和讨论，而羽然认为办公室应该是安静的，所以羽然经常会"好心"提醒大家不要吵到别人，偶尔公司里的人提出聚餐，大家都觉得去吃火锅、烧烤十分合适，而羽然却觉得公司聚餐应该去正式一点儿的地方。有太多太多不一样的地方，让羽然很难融入到这个圈子里去。

羽然的情况可能也出现在很多女性的身上，明明做出了许多努力，却始终无法交到好朋友。其实，只要对自己进行一些改变，人际关系很快会随之改变的。当你出现在大家面前，表现出的是和大家不一样的，那首先给人的感觉就是"非我类"，没错，这会让人从心里觉得你和她们不是一类的，所以，也就很难和你交朋友了。想要让自己在一个陌生的环境中立即交到好朋友，你就要学会利用相似效应，制造出"一见如故"的感觉。

一、低调，不张扬。到一个新的环境中，初出茅庐的人一定不能太张扬，因为在这个环境中，你是一个新人，太张扬会给人留下张狂的印象，这对于未来的发展是十分不利，所以要学会低调，学会谦虚谨慎。

二、多观察，找共同点。但凡两个人的身上多多少少都会有一些相似的地方，认识了新的人，要多观察，寻找两个人的共同点，让对方觉得自己和她一样是很容易相处的。比如说：你也喜欢这个牌子的衣服啊，我超级喜欢的；你也喜欢蓝色啊，你看我连袜子都是蓝色的；你家住在那个小区啊，我家就住那附近的，改天串门啊；你也不喜欢刚才那个前台的小姐吗？我也是，总觉得她太高傲了……这些话都可以引起两个人的话题，从而聊得多一些，彼此了解的多一些，就更容易成为朋友了。

三、营造"一见如故"。找到了共同点，你就要加以利用了。这些共同点都有可能是你们成为好朋友的突破点。当你发现了两个人的共同点，就要找准合适的机会，将话题转移到这些共同点上面，聊得多了，慢慢就会发现两个人竟然有那么多相似的地方。对方就会觉得怎么会这么巧呢？怎么会这么有缘分呢？很多人都是相信缘分的，如此凑巧，就会让人觉得这是上天的安排。

虽然我们都倾向于与自己相似的人做朋友，但是也要警惕相似效应带来的负面效应。如果我们身边都是和自己差不多的人，就会让我们停留在这样的层面上，失去向上奋斗的激情和欲望，让我们逐渐满足现状，不再奋斗和努力。因此，我们也需要与那些比自己强的人，比自己上进的人，比自己优秀的人做朋友，只有和这样的人在一起，才会让我们继续不停地奋斗。

所以，在交友的时候，我们应当利用相似效应，让自己很快和对方成为朋友，与此同时，还需要警惕相似效应带来的负面效果，学会和那些比自己优秀的人交往，这样才不至于让自己落在别人的后面。

差异效应：因为不同，所以喜欢

教室中，老师询问小朋友们喜欢什么颜色的气球，小朋友们表示都喜欢绿色的气球。于是，老师便拿来了一大堆的绿色气球，不一样的是绿色气球当中夹杂着一个红色的气球。结果许多小朋友都直接奔着那个红色的气球而去，甚至有的小朋友为了争抢这个红色的气球吵了起来。为什么小朋友们都表示喜欢绿色气球，而当老师拿来绿色气球，却有那么多的小朋友放弃绿色气球，而去抢夺那个红色的气球呢？这是因为孩子的善变，还是因为红色气球的出现引起了孩子们心理上的一些变化？

其实，这就是心理学上的差异效应。差异效应实际上是一种对比效应，当同类型的事物中，有一个不同的事物出现，那么这个不同的事物往往更能令人喜欢。这个不同的事物在同类型事物中最显眼，最容易引起人的注意，也就会有更多的人喜欢了。正是因为他的不同，才会令人更喜欢。生活中，差异效应的作用是十分明显的，谈恋爱的时候，两个人正因为性格的不同才更吸引对方；学生中正因为有的孩子和其他孩子不一样，老师才会对这个孩子格外注意；买东西的时候，正是因为其中一个和其他不一样，你才会买下那个独特的东西。

那么，差异效应在人际交往中可以运用吗？当然可以了。很多人正是运用了差异效应，才能让自己在人群中脱颖而出，成为佼佼者。

在人际交往中，要勇敢表现出个性。

一、在上司面前，表现出个性。

面对自己的上司，不能因为害怕出错，或是保护自己，而跟随大众。要知道上司之所以成为上司，和他们的见多识广也是很有关系的。上司们在挖掘人才的时候，绝不会找一个思维、行为和别人没有区别的人。因此，你越是有个性，越能够引起上司的注意，越容易让上司发掘你的潜质。所以，在上司面前，一定不能表现出羞涩、紧张，要大胆展示出自己的优点和个性，只有这样才能得到上司的青睐。

二、参加聚会，大胆展示。

生活中，我们经常会参加一些聚会，同事聚会、同学聚会、商业聚会等等。在这些聚会中，你应该落落大方，大胆展示自己的才能和智慧。当你越是和别人不一样的时候，你就越是能吸引住别人的目光，给别人留下深刻的印象。当别人谈起你的时候，或许就会说"噢，原来是他呀""我知道这个人的，上次聚会见过"。这对于你将来的人际关系是很有帮助的，所谓见面三分情，说不定你某次聚会的深刻印象已经留在了别人的心里，下次就有机会一起合作了。在这个社会中，一定不能放过聚会这样一个展示自己的好机会。

在人际交往中，要谨记一些忌讳：

一、不能矫揉造作。

矫揉造作的人在哪里都不会受欢迎的，生活中人们对这一类人是十分反感的。即便是你要展现自己的个性和能力，你也不能让别人看出你刻意这样做的痕迹。展示自己，是一种真实的展示，而并非装出来的。如果你太刻意地展示，可就适得其反了。大家对你的印象不但不会好，还会认为你是一个十分矫揉造作之人，即便是今后有所来往，也会让人觉得你这个人是不能深交的人。

二、不夸张，不表现全部。

在公众场合，抑或是领导面前，都不能太夸张。夸张的表现方式会让人觉得你是在极力表现自己，是抱有某种目的性的，这会给人留下不好的印象，让人觉得你是一个心思缜密，很会打小盘算的人。而且，在表现过程中，你一定不能把自己全部能力表现出来，凡事要给自己留有余地，否则就会断了自己的后路，之后就没得展示了。如果你有十分的能力，那你表现出七八分就够了。

或许你会说，差异效应的应用是要让自己凸显出个性，因为不同，才会喜欢。而相似效应，是因为相似，才会喜欢，要营造出一见如故的感觉。这样的话，两个效应不是有冲突吗？其实，这并没有冲突。相似效应注重的是在私下交往时营造的一种相似感，让大家感觉彼此共同点很多，便于交流，这样的话，容易促使两个人成为好朋友。而差异效应是为了让自己在人群中脱颖而出，给人留下一个深刻的印象，便于今后的继续发展，这主要是在一些大的场合，比如说聚会、聚餐、开会等，需要展示自己的时候。所以说，这两个效应是没有冲突的。

  人际交往中，如果你一直和别人一样，别人做什么，你就做什么，别人说什么，你就说什么，别人喜欢什么，你就喜欢什么，那么，你不就成为别人的复制品了吗？这样的一个复制品，就好像是绿色气球堆中的某一个绿色气球，是不会吸引任何人的注意力。只有当你成为了那个绿色气球中的红色气球，才能得到别人的青睐，才能引起别人的注意，才能让自己脱颖而出。不要再做任何人的复制品，你就是你，是这个世界上独一无二的你。

破窗效应：及时修复受损的人际关系

思思最近和自己的好朋友闹了点儿小别扭，其实也没有多大的事儿，就是思思和好朋友约好一起去逛街，结果思思睡过了头，手机又没电了，一直联系不上，结果让好朋友一直等了三个多小时。好朋友本想回家的，可又怕思思过来，所以一直没敢回家。思思赶到之后连忙道歉，可是毕竟等了三个多小时，好朋友有些不乐意，发了两句牢骚，结果思思还有些不高兴了，便嘟囔了一句：见我不来，你就走嘛，何必在这里等着。好朋友恰好听得清清楚楚，两个人闹得不欢而散，这之后两个人一直没说过话。

思思很想和好朋友和好，回头想想自己确实做得不对，都怪自己当时多嘴说了那样一句话。思思找机会约好朋友出来，好朋友不给机会。思思便想不如请求别的朋友帮忙说和一下吧。可谁知道一连给几个朋友打了电话，都没人愿意帮这个忙。思思也渐渐发现自从发生了迟到事件之后，她的人气接二连三的下降，有好几个好朋友都表示对她有意见，让她有些不知所措了。她很想知道自己到底做错了什么事，让朋友们都远离自己了呢？

明明只和一个好朋友闹别扭，为何接二连三地有朋友不理会自己呢？这究竟是怎么回事？解释这个现象很简单，这就是著名的破窗效应。破窗效应也就是说如果环境中有不良现象存在，不加以改变，就会诱导人们去效仿，甚至是变本加厉。

一座房子如果有一个窗户是破的，如果不及时修补，其他的窗户也会被接二连三地打破；如果是一面墙上有各种各样的涂鸦，如果不及时擦掉，这面墙上很快就会被大家涂得乱七八糟；一个角落里如果被扔了一点儿垃圾，很快就会有别人在这里扔垃圾。破窗效应是十分神奇的，你可能会发现一块很干净的空地，即便是没有人打扫，这块空地也是非常干净的。可是，一旦有一个人扔了一块香蕉皮，这块空地上很快就会聚集更多的垃圾，可能一两天的时间就已经变成了一个垃圾场。人们都有这样的心理，别人可以在这里扔垃圾，为什么我不可以呢？于是也就效仿别人在这里扔垃圾了。

别人为什么可以，我为什么不可以呢？正是这样的心理促使很多人开始效仿别人的做法。这就是为什么在等红绿灯的时候，一旦有一个走在前面闯了红灯，后面的人就会争先闯红灯，而如果一直没有人闯红灯，所有的人都会等到绿灯亮了的时候再走。

那么，破窗效应对我们的社交有什么启示呢？当然就是及时修复我们受损的人际关系了。如果破了的窗户及时被修补上，就不会造成其他窗户也被接二连三打破了。如果我们没有及时修复受损的人际关系，就会像思思那样，其他的朋友听说了这些事，也慢慢对她有了意见，造成她的人际关系不断破损。

那么，如何修复我们受损的人际关系呢？

首先，要做到"早发现，早治疗"。想要修复自己受损的人际关系，那就一定要知道自己的人际关系有受损的地方。这就有赖于我们平时的关系维护了，如果你是一个经常会为自己的人际关系保鲜的人，你就一定能及时发现自己的人际关系哪里有了受损的地方。

其次，不等待。当知道自己的人际关系出现问题时，一定不能等待，要主动出击，修复自己的人际关系。人际交往这些事要尽早解决，不要等到误会越来越深，才想到要去改变。尤其是不能抱着"大家都是好朋友，过一段时间就没事"了的心理，可能过一段时间两个人还会有交往，只是因为之前事情的影响，大家内心里对于这段感情多少都是有些芥蒂的，如果不解释清楚，必定会留下后患的。

最后，主动出击，解决问题。两个人的感情出现了危机，可能是你的错，也可能是对方的错，还有可能是两个人之间的一些误会。无论是什么原因，你都需要主动出击。有时候和自己的好朋友闹别扭，你会觉得这是她的错，她需要向我道歉。但是，很多时候我们都觉得错误是对方造成的，如果是这样，那岂不是这段感情没办法修复了。所以，学着大度一些，你主动一点儿又不会怎么样，如果是你的错，那你主动一些会让对方看到你的诚意，如果是对方的错，对方也会觉得羞愧，从而向你道歉的。如果你想拥有一个良好的人际关系，那就要学会主动出击。

人际关系是十分复杂，打理起来也是十分麻烦的，如果想让自己成为一朵交际花，那可就要费点儿力气了。要学会及时修复自己的人际关系，坚决不能让破窗效应发生在自己身上。学会修复自己的人际关系，让自己的友情维护在一个和谐的状态，你会发现人际关系其实也没有那么复杂和麻烦。

太极效应：每个女人都会一点"柔道"

前段时间，表姨找我帮忙，说表妹最近有些不对劲，总是一个人躲在房间里不出来，似乎是在工作中遭遇了一些什么事情。于是，我便找到表妹聊一聊。表妹所从事的是传媒行业，经常会有一些酒会、聚会、舞会等邀请她参加，出席这样的场合，对于她们来说简直就是家常便饭。表妹的性格属于大大咧咧的，平常就是个假小子。公司里许多人都称她为女汉子。原本表妹是很以自己的这个称号为荣的，她性子也属于比较要强的，凡事都比较追求自我。从来都是你和我要横的话，我会比你更横。

再来说表妹最近为什么不对劲儿呢？因为她参加了几次高档的聚会，屡屡受挫，她穿不惯高跟鞋和晚礼服，更不会和人温柔地讲话，在聚会时经常被人鄙视。表妹因此十分不悦，还有一次经理竟然直接要她回家，拒绝她进入聚会。表妹气得直跺脚，可是就是没办法。还有一次在聚会上，有人喝多了，和她开了几句玩笑，她直接就发了脾气，让自己的形象大受损失，有时候她也很想知道自己的问题到底出在了哪里。

有人说现代社会最突出的一个变化就是，男人越来越像女人，女人越来越像男人。的确，现在很多男人被称为"娘炮"，很多女人也被冠以"女汉子"的称号。现在的女人是越来越刚强了，这也难怪，都是被社会催生出来的。现在的女人身兼数职，不仅要在家相夫教子，更需要有属于自己的事业，如此一来，女人不刚强也难了。尤其是一些还没有男朋友的女人，一个人生活，更需要坚强起来了。所以，现在的女人是越来越"强悍"。

自古以来，女人温柔如水就被人们津津乐道，而现在呢？女人们似乎都忘记了自己还是需要温柔的。其实，无论时代如何变化，女人都不能丢弃原本就属于女人的特质——温柔。

心理学上著名的太极效应讲的就是女人的温柔。太极效应来源于中国古老文化太极拳。太极拳最重要的特点就是以柔克刚。太极效应讲究的是女人应当学会以柔克刚。温柔是女人的利器，多少男人就拜倒在女人的温柔里。或许你会说，现在这个社会也需要女人独立和坚强，女人也需要强大起来。没错，可是，这和女人的温柔是没有矛盾的。如果你一向是个"女汉子"，实在不知道"温柔"为何物，那也没关系，只要你掌握了以下要领，你也可以成为一个"温柔的女人"。

一、笑容。无论你懂不懂温柔，绽放笑容是你最需要学会的。一个女人如果能拥有温柔的笑容，就能俘虏很多人。正所谓迎面不打笑脸人，只要你会笑，在聚会上，你就能有自己的一席之地。最完美的笑容是嘴角上扬，露出八颗牙齿，不要觉得自己牙齿不白或是不整齐就不露出来。不露出牙齿的笑容给人的感觉是扭捏，是不真诚，所以微笑的时候要露出八颗牙齿，那才是最令人舒服的笑容。女人最大方的姿态莫过于温柔的笑容了。

二、礼仪。虽说已经不是古代了，女人要懂得多少多少礼仪，但是，现在这个社会，完全不懂得礼仪的女人，是会令人看不起的。所以，在聚会上，在会议上，懂得一点儿礼仪是十分重要的，包括如何坐、如何举杯等等，你可能过惯了无拘无束的生活，一开始肯定不适应这样的生活。相信时间久了，你也能在聚会上应对自如了。

三、待人。聚会上如何待人呢？用温柔。别人急躁的时候，你的轻声细语能一下子稳住对方的情绪，让对方对你钦佩不已；别人生气的时候，你一个温柔的笑容，就能让对方瞬间消气，就是有再大的气也发不出脾气来了，还会让对方对你的大度钦佩不已；别人郁闷的时候，你轻柔地拍下他的肩膀，他就能顿感安慰，顿时对你生出好感。温柔待人，不仅可以展现你自己的风度，也可以给别人留下深刻的印象。

无论在社交生活中，还是在私人生活中，女人是离不开"温柔"二字的。一个不懂得温柔的人，很难享受生活的情绪；一个不懂得温柔的人，很难在聚会上大放异彩；一个不懂得温柔的人，是不会令人产生想要靠近的感觉的；一个不懂得温柔的人，很难在社交生活中展现自我。

女人，都来学一点儿"柔道"吧。温柔可是女人的利器，而且是女人独有的利器，男人是学不来，也用不到的。

主场优势：消除社交紧张的心理策略

高菲是一家连锁酒店的高管。她所在的酒店经常会有一些酒店内部的联谊活动，抑或是承办一些大型的商业活动。虽然是一名高管，可是高菲总觉得自己能力十分有限，有时候总是显得十分怯场，在举办活动时频繁出错。但是，高菲发现只要是在自己所在的酒店举办活动，她就仿佛是如鱼得水，总能完美地执行任务，将活动办得有声有色。可是，如果是在其他酒店举办活动，高菲就会觉得力不从心，即便是活动策划做得非常完美，只需要按部就班完成就可以，高菲也还是会紧张到忙中出错。

对于自己这种状态，高菲十分无奈，每次在其他酒店做活动时，她总是无法发挥出自己的最佳状态，无法让领导高层看到自己真实的能力，因此高菲一直停留在自己的职位上，迟迟没有得到晋升，而和她一起的同事都逐渐升职了。

相信很多人都和高菲有着类似的情况，每当在自己的"地盘"活动时，总是自信满满，出色完成任务，而每当在别人的"地盘活动"时，自己就显得十分紧张，总是会出错。这很好解释，有一种优势叫主场优势，也就是说运动队在主场比赛时取胜的几率要高于在客场比赛的取胜率。看过篮球 NBA 比赛的人肯定知道，同样的两支队伍 A 和 B，如果在 A 的主场比赛，可能 A 会赢，而如果在 B 的主场比赛，可能 A 就会输了。还有奥运会，在哪个国家举办，哪个国家的运动员发挥的水平就会高，北京奥运会上运动员一口气登上金牌榜的第一名，也是借助了主场优势。

主场优势的发生是因为无论是环境，还是人物，都是大家比较熟悉的，对于自己熟悉的地方，心理会有一个定位，当这个定位固定的时候，自己的心理状态也是固定的，人也处于比较放松的状态。所以，在这个熟悉的地方时，人自然而然就会放松。而到了陌生的环境中，会因为环境的不熟悉，使心理处于不安稳的状态，从而会产生紧张、羞涩等情况，在这种情况下，也就很难将自己的能力展示出来了。

既然如此，难道我们就只能在自己的"地盘"才能有所展示自我吗？就好像"地头蛇"一样，只敢在自己的地盘耀武扬威？当然不是，想要把社交做好，自然是需要走出自己的地盘的。在社交场合中，我们拥有主场优势自然是好，可是大多数情况下，我们都是没有主场优势的，在没有主场优势的情况下，我们就应该为自己创造主场优势，从而消除自己内心的紧张，让自己能够更快地融入到新的环境中。

究竟如何为自己创造主场优势呢？

一、尽可能寻找自己熟悉的环境。聚会、聚餐、商务约谈，总是免不了选择一个合适的地点，这时你要充分将这个机会利用起来。当你有选择权的时候要尽可能把握住机会，选择自己熟悉的地方，可能是你经常去的一家咖啡馆，可能是你经常光顾的饭店，还可能是你经常逛街的附近，尽可能选择你熟悉的地方，让自己在环境中占据主场优势，消除自己内心的紧张，从而利于自己将能力表现出来。

二、寻找自己熟识的朋友。当我们参加某种活动的时候，可能一个人显得形单影只，你甚至不知道自己在这样一个陌生的场合，应该说些什么，做些什么。这个时候，快去寻找你熟识的朋友吧，不要一个人闷在角落里，不说、不做、不看，这样你就会错失一个大好的社交机会。先找到你熟悉的朋友，让这些朋友为你创造主场优势，消除你内心的紧张，然后再展开必要的活动，这可是非常明智的选择。

三、没有主场，那就创造主场。有时候人的意念是很强大的。有时，我们既没有选择地点的权力，又没有熟识的朋友出现，真的只有我们自己，这个时候我们就需要强大的意念了。想象自己就是在自己最熟悉的地方，正在和一些熟识的朋友会面，给自己自信，给自己加油打气，让自己看上去并不是那么紧张和羞赧，然后你可以十分豪迈和激情地进行你的社交活动了。因为这个时候的你在别人看来是那么自信和有爆发力，这样的你必定是魅力四射的。

能够拥有自己的主场优势当然是好的，但是我们不可能一辈子都躲在自己的安乐窝里，我们想要飞得更高，就只能走出自己的小天地，到处走走看看，去发现生活中更多的惊喜。所以，我们能做的就是在拥有主场优势的时候，狠狠地抓住它，不让它溜走，绝不放过任何一个表现自己的机会。而在没有主场优势的条件下，尽可能创造主场优势，即便是什么都没有，你还有自己，你还可以用自己的意念去为自己创造主场优势，打败别人的主场优势，让自己重新占领高地。

任何事情都不是绝对的，只要你肯创造，你所在的地方，那就是你的主场！

欲擒故纵：让别人主动跳进你的"关系网"

人人都想交朋友，多一个朋友多一条路，朋友多了路好走，这样的道理谁都知道。可是，想交朋友可没有那么容易，你觉得他是一个值得交的朋友，主动和人家套近乎，热情对人，这会让人怀疑自己是不是有所目的，但如果对人家不冷不热的，又不可能交到这个朋友。想要交朋友着实让人为难。下面让我们看看周静是如何做的。

周静在一家编辑工作室工作，周静工作所在的大楼里有着各种各样的上班族，对于周静来说，拓展一下自己的人脉是十分有必要的。可是，她所从事的工作决定了她的人脉不会太广泛，除了这个圈子里的人，她几乎接触不到别人。周静也十分为难，身处这样一个大楼里，放着这么多的人脉关系不用，岂不太可惜了，于是周静就开始寻求交朋友的方法。有一次在电梯里，周静听到两个人在谈论着某个代购品牌的护肤品，这两个女孩都表示对这种护肤品十分钟爱。虽说不认识，可周静觉得不能错过这个机会吧。

于是周静就想了个办法，"这个牌子啊，我也挺喜欢的，我有朋友专门做代购的，有需要可以找我啊。"说完，周静的电梯到了，于是对两个人笑了笑便下了电梯。周静不冷不热，随口说了这么一句，没想到那两个人还真放在心上了，第二天两个人就在电梯口等着周静，就这样三个人成了好朋友。还有一次，周静在公司遇到一个女孩打电话正说着开网店的事情，等那女孩挂了电话，周静便提醒说，开网店的太多了，你可要想好了，我就开过。说完，也没说别的，下次再见面时两个人关于网店的事情还聊了聊。

其实，周静所用的这一招——欲擒故纵，在交朋友中是十分有效的。欲擒故纵的方法，就是说明明想和这个人交朋友，却偏偏不明说，制造悬念，让这个人主动和自己交朋友。这样一来，就不用担心有人会怀疑自己交朋友是别有用心的了。但是想要真正使用欲擒故纵这一招还真不是那么容易的。

首先，要让自己保持神秘感。一个人如果太容易被人看穿、看透，是不会吸引别人的。只有当人们对某个人产生了好奇心，才会想要接近这个人。所以，当你想要靠近某个人，想要和某个人交朋友的时候，一定要保持自己的神秘感。不要轻易被人看穿，不要轻易让人知道自己的想法，更不要随意说出自己的观点。只有这样，才能让自己成为一个神秘的人，当你越是神秘，别人也就越想要接近你，揭开你神秘的面纱了。当然，交男朋友也可以如此运用。

其次，说话只说一半。有时候你会觉得说话只说一半的人特别令人讨厌，似乎是故意的似的，总要让人去猜。但是，虽说人人不喜欢这样的人，可正如姜太公钓鱼——愿者上钩那样，想要得到答案的人是会主动去问的。如此一来，这个朋友又可以通过一来二去地交往成功交上了。但是需要注意的是，并不是说对所有人都只说一半的话。这一点是针对那个自己想要交往的人的，如果对谁都只说一半的话，是会令人厌烦的。

还有，采用不冷不热的态度。有很多人都存在一种逆反心理，你越是不冷不热的，我就越是想要接近你，你越是不想和我交朋友，我就越是要和你交朋友。所以，针对一部分人来说，采取不冷不热的态度，是可以起到一定的作用的。当对方发现你对他不冷不热的时候，就会思考是不是有地方得罪了你，是不是有些事情让你不满意了，于是就会想尽办法靠近你。但是，这只适用于一部分人，有的人是不会吃这一套的，你不爱理会他们，他们就更不爱理会你。

最后，一针见血的话题。就像是周静那样，当两个女孩谈论某代购护肤品时，周静的一句"我有一个朋友是专门做代购的"一下子就引起了两个女孩的注意。所以，想要成功运用欲擒故纵，还需要找到一个一针见血的话题。这个话题必定是对方感兴趣的，也必须是能引起对方注意力的，只有找到了这样一个突破点，你才能真正吸引他人的注意，让他人主动投怀送抱。否则，你的一切努力都是白费，这个人是不会对你感兴趣的。在你想要和某个人交朋友前，还是先对这个人做一番观察和调查吧，在他身上寻找一个突破点，这是你交朋友的关键。

谁都想交到更多的朋友，为自己的生活拓展人脉，仔细研究欲擒故纵这一招，是可以让你交到你想要交的朋友的。但是需要注意的是，有些人真的不适合用这一招来对付。你采用这一招只能让你失去交朋友的这个机会。另外，用这一招交来的朋友也需要后续的一些努力，才能将这段关系维系好。

Chapter **7**

君子好交小人难处：
女人要懂的"小人"攻心术

君子坦荡荡，小人常戚戚。和君子交往，坦荡、畅快，无需计较。而小人可就不一样了。小人，一个无处不在的人，让多少人都深恶痛疾。可是，我们即便是再痛恶小人的存在，也无法让小人从这个社会上蒸发掉。所以，女人都应该懂一些小人"攻心术"，为了让自己远离小人，为了让自己身边充满正能量，这真的是必须的。

由小见大识小人:"小人"的十大特征

生活中,有那么一类人走到哪儿都令人讨厌,在别人眼中,他们是倒霉的象征,只要有他们在,自己就会倒霉。这一类人就是人见人厌的小人。所以,每当年初,有很多人就购买一些防小人的利器,手串啊,项链啊,就是为了能够避免小人盯上自己。这虽说是一种迷信,可是从中也可以看出小人是有多么可恶,多么令人讨厌。小人是无处不在的,有时候我们并不知道自己身边存在小人,所以,很多时候我们会在不知不觉中就倒霉。那么,什么样的人是小人呢?让我们一起来看一下小人的十大特征。

一、小人都是自私自利的。这个特征是小人必备的特征。一般来说小人都是十分自私的,尤其是关键时刻,为了自己的利益出卖任何人,他们都觉得自己是无比正确的,在他们眼中只有自己,只有自己的利益才是第一位的。他让你帮个忙,你觉得义不容辞,可你若让他帮个忙,比登天还要难呢!

二、小人都喜欢打探别人的秘密。每当看到别人在谈论着什么时,他们就立即凑了过来,不管你乐意不乐意,他们都会问这问那,即便他们意识到你已经被问得不高兴的时候,他们也依旧津津乐道,当你不回答时,他们又会摆出一副高姿态:有什么了不起的,不说拉倒。总之,怎么样都是你的错。

三、小人都有一张大嘴巴。什么是大嘴巴呢?就是一旦听到任何新鲜事,她都能把这件事加上自己夸张的想象和语言,散播出去,不到一天的功夫,恐怕整个公司或者整个小区都知道了。他们可不会理会这些新鲜事是不是涉及到一个家庭的隐私,是不是会造成不好的影响,他们只要是过过嘴瘾就好了,如果能够掀起点儿轩然大波,他们就可以看热闹了。

四、小人都是表里不一的。嘴上说着:哎呀,你这套衣服可真好看。心里却默默念叨着：这件衣服穿在你身上真是浪费了。他们若是想要夸奖你，嘴上比抹了蜜还要甜，可心里却不知道咒骂了你多少遍了。你永远猜不透他们心里在想些什么，因为他们嘴上说的和他们心里想的从来都是不一样的。

五、小人都是"西瓜倚大边"。今天你受到了领导的表扬，成为公司里的红人，他就立即凑到你身边，夸你怎么这个好，怎么那个好，用各种各样的手段拉拢你。而突然有一天领导批评你了，他就立即弃你而去，到处说你的坏话，绝不会顾念旧情。他们永远都是谁得势就凑到谁的身边，谁失势就立即远离谁。

六、小人都喜欢推卸责任。这件事明明是他做的，却会说这件事和他没有半毛钱关系。当他们预感大事不妙的时候，就已经开始盘算着把事情嫁祸到谁的身上了，并造成一切假象，让别人以为这件事的确和他没关系。

七、小人都是没有团队意识的。小人在团队里永远都显得多余，他们从来不会顾及团队的荣誉，自己想做什么就做什么，管他三七二十一呢。当小人在团队中的时候，必定会以各种理由挑拣那些最简单的工作来做。如果团队取得了什么荣誉，他们又跑出来争功，这个是我做的，而如果团队失败了，他们又有一大堆的理由把失败的原因推到别人身上，还会说：哎呀，要是当初听我的就好了。

八、小人都是喜欢打小报告的。小人的耳朵可是非常灵敏的，一丁点儿的小事，只要是让他们知道了，那必定会传到领导的耳朵里，他们就是有这样的本事，别管这件事和他们有没有关系，他们本着做领导亲信的原则，不断给这个告状，给那个告状。而且，他们的告状可是极其隐秘的，说不定什么时候他们就已经背地里参了你一本，叫你连死都不知道是怎么死的。

九、小人都喜欢挑拨离间。小人的挑拨离间功夫可是超级强大的，他们总是在一些同事面前挑拨关系，让同事的关系十分紧张，从而从中谋取一些利益。即便是无利可图的时候，也是会如此，他们的理由很简单，谁叫你们关系那么好，叫人看着不舒服呢。

十、小人都喜欢让别人为自己探路。无论什么时候，小人坚决不会做"第一个吃螃蟹"的人，他们总是会用各种暗示，找到为自己探路的人，等到确定这条路可以走的时候，他们才会去走。他们永远都是踩着别人的鲜血前进，如果有人在探路过程中牺牲，他们也绝不会感到痛心，因为他们觉得这是应该的。

　　这个社会小人无处不在，当你发现自己身边有一些人具备了以上几种特征时，你可就要小心了。还是远离小人为好，说不定哪天小人把你出卖了，你还在为他数钱呢！不过，也不用担心，小人毕竟是小人，你多加防范，相信小人也必定会远离你的。

细数生活中的"六型"小人

生活中小人无处不在,他们的存在,严重影响了你的生活,可能阻挡你事业前进的道路,可能让你心情变差,可能让你的人际关系混乱,还有可能把你的生活搞成一团乱麻。小人就是有这样的本事。想要避免小人的捣乱,那就首先要了解小人,下面就让我们来看一看生活中最常见的六种小人。

一、见利忘义的小人。

这一类小人恐怕是生活中我们最常碰到的小人了,当然,我们在生活中也最痛恨这样的小人,他们伤害的不仅是人的利益,更是人的感情。平时,这一类人经常和你是姐姐长妹妹短的聊天,可是,一旦见到利益的时候,她们会以你意想不到的速度冲上前去,即便是出卖你也在所不惜。对于这一类小人来说,利益才是第一重要的,在利益面前,什么感情什么义气都要靠边站。其实,在这类小人心中,世界上根本就是没有感情的,在他们眼中,感情就是为了利益而服务的,感情的存在无非是为了获得更多的利益罢了。

二、见色起心的小人。

这一类小人大多见于男人,不过也有少部分女人。新来的同事总是姐姐长姐姐短的喊你,没事就抱着一大堆的问题来找你解决,没事就跑到你身边献殷勤;新进的公司里,那些老员工,总是一副为你解决问题的模样来到你身边,然后问长问短,嘴上常说的就是有事找我啊别客气,随后便总是约你喝咖啡、看电影;自己的上司,没事就喜欢把你叫到办公室里,打着工作的旗号"关心"你,偶尔还会口头许诺要提拔你、要给你加薪,其实他们的目的就是"泡你"。这类小人严重影响了你的个人生活,一旦你不小心上了钩,损失可都是自己的。一定要十分警惕这类小人!

三、狂妄自大的小人。

不得不说这一类小人真是令人讨厌，他们总是摆出"全天下只有我最行"的姿态来，无时无刻不在打击你的自信心，只要是你提出来的想法，他们都会批评得一无是处，让你觉得十分自卑。这一类小人一般有两种情况，一种是因为自己确实有些能力，总是不可一世地看着别人，把谁都不放在眼里。你要是真的听信了他们对你的批评，那你就真的输了，而你若是有几分骨气，硬是不听他的，那可就把他们气的七孔生烟了，说不定他们就会在背后给你一脚。

四、心胸狭隘的小人。

这一类小人的人缘通常都不会太好，他们心胸太狭窄了，除非你一直让着他们，有什么好处都给他们，否则一旦有任何一点儿招惹到他们的利益，你可就完蛋了，他们会一直记恨你，到处说你的坏话，说不定什么时候就会报复你，让你连自己是怎么死的都不知道。这一类小人还有一个特点，那就是特别爱猜忌，总觉得别人是坏人，今天两个人耳语一会儿，他们就觉得是在说自己的坏话，明天几个人围在一起聊天，他们就觉得可能有什么好事不让自己知道。他们的心永远是灰暗的，永远没有阳光。

五、倚老卖老的小人。

不得不说这一类小人叫人心烦，又无可奈何。他们总是以自己是"老人"的高姿态，指使你做这个，指使你做那个，今天叫你帮这个忙，明天叫你帮那个忙，偶尔还把自己的工作强加给你，却到领导面前说是自己做的，你若是不做，他们又会说不尊敬前辈，到处给你脸色看。他们通常还会把自己"宝贵的经验"介绍给你，你若是不听，他们还会威胁你"不听老人言吃亏在眼前"。其实，他们所谓的"经验"无非是不想让你超过他们罢了，才不是真正地为你着想。

六、背后乱搞的小人。

这一类小人最令人讨厌，他们就好像是老鼠一样，总能在神不知鬼不觉的时候展开行动，于是你就会发现，今天领导找自己谈话，说了一些莫名其妙的"警告"；明天同事又莫名其妙不理会自己了，好像自己犯了什么错似的。其实，这些都是因为小人在背后使坏。他们喜欢在你背后打小报告，喜欢在你背后说你坏话，喜欢在你背后展开行动破坏你的计划。当然了，这一类小人背后乱搞是带有很强的目的性的，可能是因为嫉妒你和同事关系好，可能是害怕领导给你升职加薪，可能是害怕你的能力超越他们。总之，他们就是喜欢损人利己，只要是能达到他们的目的，他们在所不惜，什么招数都能想出来，偶尔还会做一些损人不利己的事情。

　　生活中，我们应该警惕这些小人的存在，要知道自己一个不小心，落入他们的圈套，那可就是吃不了兜着走了。我们应该仔细对身边的人进行甄别，看看哪些是上述所说的小人，从而做到珍惜生命，远离小人。

看透的时候，假装没有看透

小米是一个性情耿直的女孩子，在办公室里十分活跃，因此深受同事的喜爱。但小米十分粗心，工作上也经常开小差，因为关系好，平时同事们也就睁一只眼闭一只眼了。前段时间，公司新来了一位职员，小米本着老人照顾新人的原则，对这位新职员十分照顾。可是，让小米没有想到的是，新职员没来多久，领导就在会议上把小米批评了一番，说她工作时间聊QQ、打电话等，还警告她下不为例。小米十分郁闷，这种事恐怕只有同事们知道，既然领导都知道了，那就说明同事当中有人出卖自己。

经过一番调查，小米发现出卖自己的人恰恰就是自己十分照顾的那位新职员，这让小米更加气愤了，直接找到那个职员对峙了一番，人家当然是不承认，于是两个人吵了起来，之后再也没说过话。小米还是觉得不解气，便在自己同事中宣传，新职员是个小人，经常在人背后打小报告。一段时间之后，小米发现同事们和自己的关系都有一些冷淡了，也不知道是怎么回事，之前自己过生日请客没有人不去的，而这次自己过生日请客，只有那么两三个说可以去，剩下的人都说自己有事太忙了。小米十分奇怪，难道自己揭发小人也有错吗？

当我们遭遇小人应当做到"四不要"。

第一：不要找他对峙。

既然他是小人，你和他就没有理可以讲，小人若是讲理，那就不能称之为小人，所以，你去找他对峙是十分不明智的选择。你冲到他面前理论只能是给自己难堪，小人甚至可以摆出一副无辜的样子，博取别人的同情，然后说："你真的误会了。"这个时候，你的形象完全是一副市井泼妇的样子，你不仅不会让小人得到应有的惩罚，还会损坏自己在大家心目中的形象。况且，你这样折腾一番之后，小人在报复心理作祟的情况下，还会继续找机会报复你的。

第二：不要私下里解决。

可能你会说"我不在大家面前说，我私下里找他"，于是你私下里将他约出来了。但是，难道私下里说他就会承认，然后向你道歉吗？不会的，小人是不会改变自己的嘴脸的。即使私下里找他，他也依然会装出十分无辜的样子，然后把自己做的所有的事情都推给别人。如果他向你道歉了，承认了自己做的坏事，而当你把这些告诉别人的时候，他依旧是不会承认的，他只会说你在造谣生事，他根本没有承认过。私下里发生的事情，只有你们两个人知道，即便他就是撒谎，你也拿他没有办法。所以，私下里解决问题的办法，也是不可取的、不明智的。

第三：不要和其他人讲小人的坏话。

你可能觉得我不和小人对峙，也不私下里和他们交流，我把他们所做的事情告诉别人。你可能觉得这是为了大家着想，但是，这样做的结果就会和小米一样，尽失人心。任何人都有这样一种心理，你既然可以说别人的坏话，那就有可能和别人说自己的坏话。所以，在别人眼里，你就成了一个造谣生事、爱说坏话的人。再者，别人会觉得你是一个不能招惹的人，一丁点儿的小事就能惹到你。所以，久而久之，你就尽失人心了，在别人眼中，你的形象已经全毁了。如果不是闺蜜级别的好友，还是三缄其口，不要和别人说什么小人这那的了。

第四：不要不理会小人。

你当然很生气了，遭遇小人没有人会不生气的，于是，你选择不理会他。可是，你这样没缘由的不理会他，会让小人有所察觉，今后对待你或许会使用更加恶劣的方式。而你不理会他，在别人看来会是十分奇怪的事情。在别人眼中，你会是一个非常不爱交往的人，稍微一点儿小矛盾就能让你不理会人，没有人愿意会理会这样的人的。所以，时间久了，你的人际关系就会遭遇危机了。

当我们做到了这"三不要"之后，对付小人最明智的选择就是"我知道，但我不点破"。任何时候都要记得，把自己保护好才是最关键的。你既然知道了小人的存在，你在生活中处处提防着他一些就好了，没必要让他暴露出来。你以为自己聪明，能够看破小人的轨迹，可是，在别人眼中，你只不过是一个会故弄玄虚、造谣生事的人罢了。

遭遇小人，你应该和平时没有什么两样，照样和他交往，照样和他说笑，只是都是点到为止罢了，因为小人的确是不可交的。

出丑法则：让嫉妒的"暗箭"绕道而行

你是不是经常为一件事感到烦恼呢？明明自己很优秀，可树大招风，常常遭到别人的嫉妒，从而为自己带来霉运；明明自己很出色，却很难得到别人的喜欢。这究竟是为什么呢？或许你会说，正是因为自己太出众了，所以让别人心理不平衡，别人那是羡慕嫉妒恨。可是，这对于你来说可不是好事。首先，正是因为你的出众，你才没有一个好人缘；其次，正是因为你的出众，惹来不少周遭人的嫉妒，你才会莫名其妙遭遇"暗箭"，给自己前进的道路上造成了障碍。

笑笑就是一个很出众的人，她人长得漂亮，能力也强，刚一进公司，更是初生牛犊不怕虎，几个策划案都完成的十分漂亮，一再受到领导的表扬。笑笑只专注于自己的策划案，每每有策划任务的时候，她都是第一个冲在前面。这一次公司和某家大商场合作的节日方案，笑笑又抢到了手。公司很注重这次和商场的合作，希望能做的漂亮一些，于是就告诉笑笑，要她挑选几个人协助她一起完成。笑笑也考虑到商场的节日方案凭借她一个人是无法很好地完成的，所以就准备找几个人组成一个团队来合作。她首先想到的是和自己一起来公司的那个女孩，她进公司还没有过什么表现，不如把这个机会给她，可是，笑笑刚张嘴，人家就以最近很忙拒绝了。笑笑又找到能力比较突出的另一个男同事，人家也说最近家里有事，不想参加。接连找了几个人，没有一个人愿意和笑笑合作，笑笑忽然意识到自己被孤立了。

于是，笑笑就准备自己完成。可谁知方案出来后，在实行的过程中，同事们都十分不给力，方案没能顺利进行，让商场的负责人十分不高兴。笑笑因此也受到了上级的批评。原本可以在年底评上优秀员工的她，这一下也没戏了。笑笑十分苦恼，她不知道自己做错了什么，让这些同事一个个远离自己，甚至还给自己放"暗箭"，让自己不知所措。

很多人都和笑笑一样，明明很出众，却不能正常地和同事们相处，还要时不时躲着同事们的算计。其实，这一类人的错正是因为不会犯错。可是不会犯错该怎么办呢？难不成掩盖自己的优秀？其实，这并不难。心理学上有一个法则叫做出丑法则，它可以帮助你远离这些嫉妒的暗箭，重新获取自己的好人缘。出丑法则又叫仰巴脚效应，或是犯错误效应。出丑法则是说一个才能平庸的人可能不受人们的喜爱，可一个完全没有缺点的人，也未必令人们喜爱。有能力而又有一些小缺点的人是最令人喜欢的。

如何才能将出丑法则运用得当呢？

首先，别事事争先。越是优秀的人，就越是喜欢表现自己，这一点毋庸置疑。可是，如果你事事争先，你让别人如何表现自己呢？所有的风头都让你抢去了，那别人呢？或许你会说，别人有能力也可以上啊。如果你总是抱着这种想法，也就难怪你被别人算计了。因为你做事从来不考虑别人。所以不要事事争先，偶尔也需要给别人机会，当你把所有的机会都霸占了的时候，你就等着嫉妒的"暗箭"向你袭来吧。

其次，偶尔出点儿小丑，犯点儿小错。犯错、出丑，这才是一般人。如果一个人完美无缺，那这个人在别人眼中也就不是自己的同类。和完美的人在一起，谁都会有压力的。况且，完美无缺的你，抢尽了风头，让领导一再表扬，就会有人不乐意了，早晚有一天会在背后绊你一脚。如果当领导表扬你的时候是这样说的：某某这次的表现很不错，美中不足的是……这样看来，既有表扬又有批评，在别人的耳中就会听着很舒服，说不定他还会反过来安慰你两句呢。

最后，需要你谨记的是小错可以有，大错不能犯。出了大错，那可就是自毁前途了。或许你会问刚才不是说要出点儿丑，犯点儿错吗？这里的出丑和犯错，并不一定是指工作上的，可以是生活中的，比如说同事们在一起开玩笑，而你始终云里雾里摸不着头脑；比如说同事们在一起讨论事情的时候，你不经意地打翻个杯子或是不小心摔一跤等等。平时和同事们处好关系，对于将来在工作上表现出色，也是很有好处的，最起码同事们不会没有缘由地嫉妒你，向你背后下黑手。

出丑法则说起来简单，做起来也是有难度的，出丑要掌握一个度，犯错误也需要掌握一个度，这个度究竟如何把握，还需要你在生活中不断摸索。做一个优秀的人不容易，那是你在经历了很多苦楚之后，才积累的能力，所以，更需要你珍惜。但是，这个复杂的社会总是让更多优秀的人品味孤独和冷箭，你更需要注意的是，在表现自己才能的同时，还要保护好自己。

惹不起，躲得起

恐怕每个人都曾经遭遇过小人，对于小人，很多人都是深恶痛疾的。相信每个人想到小人都是恨得牙痒痒的，恨不得马上把小人碎尸万段，让他们立即消失在自己面前。可是，每个人又都拿小人没办法。有些人曾经和小人斗争过，可最后发现自己并不是小人的对手，打不过人家还把自己弄得遍体鳞伤；有些人试图和小人交好，想通过套近乎的方式，让小人不要对自己下手，可结果却是小人喜欢"杀熟"，对你了解之后，更容易从你身上下手了。于是，大家都对小人束手无策，既然如此，惹不起，那还躲不起吗？

惹不起小人，那就躲着小人。何必和他们一般见识呢？

采采在办公室里就曾经遭遇过小人，让采采最接受不了的是，这个小人不是别人，正是一直和自己十分交好的好朋友，她跑到领导那里给自己打小报告，还把原本属于自己的功劳抢了去。采采起初想要找她理论一番，把她的恶性公布于众，可一位老同事拦住了采采。这位同事告诉采采，小人之所以敢如此猖狂是因为有后台，如果还想继续在公司待下去，就不要惹她，况且跟这种小人也不值得。采采听从了同事的建议，开始躲着小人。一旦采采发现自己将要和小人有交集的时候，或者小人故意找机会接近自己的时候，采采立即想招式躲开她。小人也不是傻子，当知道采采是在躲着自己的时候，小人识趣地离开了，从此再也没招惹过采采，没找过采采的麻烦。

像采采这样在职场中很无奈的人很多，为了自己的前途着想，最好还是躲着小人。为什么不招惹小人呢？有这样几个理由。

理由一：小人极有可能是有背景的。小人一般都是十分猖狂的，他们为什么如此猖狂呢？因为他们很有可能是有背景的，可能家里有后门才进了公司，可能是因为和领导的关系不错。别管是因为什么原因，他们之所以猖狂，绝对是有原因的，否则他们不是神经病，就是傻瓜。

理由二：小人手段恶劣。小人为什么是小人呢？因为他们那些小手段实在是多的不能再多，实在是恶劣的不能再恶劣，不然你以为小人是如何达到他们那些目的的呢？别傻了，没点儿手段，小人是不会成为小人的。他们的手段不是一般人能学得来的，你根本应付不来，所以，还是不要去招惹他们的好。

理由三：小人报复心理太强。小人有很强的报复心理，最令人讨厌的是，你不知道什么时候就得罪了他们，一旦得罪他们，就等着他们报复吧。所以，何必没事找事呢，还是远离小人为上策。

那么，如何躲避小人呢？

第一：与小人之交"淡如水"。和小人不要有任何交情，否则，你是极其容易招惹小人的。她请你帮忙你不帮忙，你得罪了她；你说了两句不该说的话，你得罪了她；你有了功劳，她没有，还是得罪了她。所以，与小人之交必须是"淡如水"的。一般来说，小人也是有自知之明的，他们也会秉持着"你走你的阳关道，我过我的独木桥"。所以，没有交情，是保护自己最好的方式。

第二：拒绝和小人"共事"。既然是同事，一起共事是自然避免不了的，但是当有些工作，真的需要你和小人一起完成的时候，你就一定要躲避，比如可以将一大堆自己的缺点暴露在小人面前，让小人主动抛弃自己，也可以装病或是请假。如果实在推脱不开的话，那就在工作中完全配合小人，一切以她为主，最后不争功不说话。如此一来，小人得意洋洋，自然顾不上理会你了。虽然自己吃点儿亏，可想想看，现在吃点儿小亏是为了以后不吃大亏啊，这样来看还是很划算的。

第三：处处躲着。走在路上也好，在办公室吃饭也好，上卫生间也好。无论在哪儿，能躲着，绝不露脸。小人也是有自知之明的，当他们知道你在躲着他们的时候，他们也不会再去惹你。小人也是有自尊的，你处处都躲着，他们势必不会拿热脸去贴你的冷屁股。所以，能躲着就躲着，实在躲不开了，那就打个招呼算了。

打不起，我还躲不起吗？在战略战术上，"打不起就跑"是十分聪明的做法。所以，对付小人，这一点儿也尤为重要。我惹不起小人，那我就躲着小人。这也是十分聪明的做法。我相信我们都是聪明人，绝不会和自己过不去，和小人硬碰硬，只能让自己吃亏，让小人占便宜。所以，惹不起，那就躲起来吧。

敬而远之：与小人划清界线的心理策略

淼淼算是公司的老职员了，说话也心直口快，这一点让大家都十分喜欢，不过有时候也挺令人心烦的，她总能一针见血地指出人家不愿意听的话。淼淼的老公不止一次和她说过，职场就如战场，很多小人总是在背后下手，她这样心直口快是要吃亏的。淼淼自己也知道，因此对于防小人这回事，她也会时常小心着点儿，尽量不招惹那些耍阴招的人。可是有一次，办公室出了名的小人买了一件新衣服，大家都在那评论着多好看，可淼淼噗嗤一声笑了，因为那人穿那件衣服显着腰特别粗。小人的脸立马就黑了，淼淼立即替自己圆场："我是笑你这衣服怎么就这么好看呢。"

就这一次，淼淼就把小人得罪了，也不知道这件事过去了多久，淼淼莫名其妙就被调离了自己的职位，说是平调，工资福利都和之前一样，可权力却小太多了。淼淼十分生气，虽然知道是谁干的，可没证据也没办法。后来，淼淼又被降职了，这一次，淼淼总算是尝到了得罪小人的恶果。

小人不得不防，像淼淼这样的人还真是不少，一直惦记着要远离小人，但最终还栽在了小人手里。其实，当你知晓了生活中哪些是小人之后，你就要考虑如何对付小人了。想要让自己远离小人，远离小人的一切干扰，唯一的策略就是敬而远之。那么如何和小人划清界限呢？下面就为大家提供一些与小人划清界限的心理策略。

第一、小人说话，少插话。说多错多这样的道理想必大家都知道，所以，在小人说话的时候，你就要少插话，能不说尽量不说，免得说者无心听者有意，一句无心的话，或许会引起她的怨恨，指不定会在什么时候报复自己呢。除了少说话以外，还需要注意自己的表情和语气词，当小人说话的时候，一定保持自己表情的正常，不能得意，更不能鄙夷，免得被小人抓住了把柄，自己可就是吃不了兜着走。

第二、小人做事，少掺和。小人做事，自己能少掺和就少掺和。你掺和进去有什么好处呢？你的功劳，小人全抢走，小人的错误，全都推到你身上，所以，坚决不与小人同做事。可是，如果小人请自己帮忙，或者坚持要和自己一起，怎么办呢？如果能找到合适的理由最好，如果找不到，那就先答应她，然后装病或是请假，错失和小人同做事的机会。最后一定要十分惋惜地告诉小人，自己没能和她合作真是太可惜了。或者在答应小人之前，故意出错，让小人觉得自己会搞砸她的事情，让她主动找理由更换合作对象。

第三、找到自己亲密的伙伴。小人最喜欢和形单影只的人亲近，为什么呢？因为这样的人处于孤独的状态，是很容易被攻下心理防线，和她形成阵营的。所以，你一定要找到自己亲密的伙伴，两个人时常在一起，让小人无机可乘。

第四、暴露自己多重缺点。和小人在一起交谈的时候，只要找到话题就立即把自己的缺点暴露出来，多说自己的缺点，少说自己的优点。谁都想和优秀的人在一起，小人也不例外，他们也想和优秀的人在一起，因为从优秀的人身上，他们才能得到更多的好处和利益。你缺点那么多，小人也早就开始排斥你了，恨不得离你远远的，因此他们是不会靠近你的。

第五、坚决不透露自己的人脉关系。人脉是如何形成的呢？就是朋友拉朋友，亲戚拉亲戚才形成的。小人如果想要亲近一个人，要么这个人身上有什么好处，要么就是这个人的人脉关系有好处。所以，你在小人面前坚决不能透露自己的人脉关系。比方你无意中说自己有个朋友在卖车，小人听见了，不知道什么时候就会跟你套近乎，帮忙联系一下你那个卖车的朋友呗。你若是不联系，那必定把她得罪了，你若是联系了，事后有什么不好，还得找你的麻烦。何必帮她呢？所以，尽量不要透露自己的人脉关系给她，否则自己可就吃大亏了。

第六、不怨恨他们。对付小人，心态是最重要的。小人不招惹自己，那当然最好，小人若得罪自己，就只能自求多福了。千万要调整心态，不和他们计较，因为计较来计较去，你还是不能战胜他们，最后吃亏的还是你自己。你始终要记住，很多人做坏事，人在做天在看，他们可能现在走运，可最后他们迟早是毁在自己的手里的，你就等着那一天的到来吧。

生活中，小人无处不在，我们要对小人敬而远之，就应该恪守远离小人的几个心理策略，只有掌握了这些策略，才能保证小人不得近身。最后，还有最关键的就是，要让自己保持一个良好的心情，不能受到小人的影响，更不能接受小人的负能量，让自己充满正能量。远离小人，从你自己开始吧！

第一次就给个"下马威"

小人最喜欢哪种人呢？新人、面相老实的人、没背景的人。这四类人是小人最喜欢的，从这四类人中可以看出，小人喜欢的都是好欺负的人。从这里我们便可以得知，小人都是欺软怕硬的，为了避免小人的袭击，我们应该强硬起来，第一次就给她一个"下马威"，让她不敢再靠近自己。

雷婷长相甜美，看着老老实实的一个小姑娘，可是内心却是很强大的。她跳槽跳到了新的公司里，刚一来就被公司里出了名的小人偲偲盯上了。小人最喜欢新人，因为新人好欺负，即便是新人知道自己被欺负了，也不敢多说话。偲偲最擅长背后打小报告和抢功。而偲偲正是抓住了新人刚来都会想要好好表现自己的心理，屡次抢功成功。雷婷也是新人，也想好好表现自己。于是，刚来就接了一个策划案，她自己出色地完成了。没想到偲偲抢先一步到了总经理那里，一再强调策划案是自己帮助雷婷完成的，雷婷是新人，她帮忙是应该的。总经理对偲偲赞赏有加。

雷婷知道以后，直接来到了总经理的办公室，将自己整个策划案交给了总经理，还有活动当天的一些照片，所有的证据都在证明这些都是雷婷自己做的。雷婷还义正言辞地告诉总经理，她是新人没错，可是自己做的就是自己做的，不会掺假，更不会让别人领功。总经理知道这件事后十分重视，在会议上表扬了雷婷，给了雷婷嘉奖，还十分含蓄地告诫偲偲，想立功的话，就好好干，别总是抢别人的功劳。经过这一次之后，偲偲再也不敢招惹雷婷了。

许多小人正如故事中的偲偲那样，专门挑新人下手。可是，为什么他们能屡屡得逞呢？因为很多人在遭遇小人袭击的时候，采取的是忍气吞声的态度，只想着下次一定注意小人的伎俩，却没想到小人一次一次得逞后，下次更加不会手软。说白了，小人之所以胆大妄为，是大家惯出来的！所以，想要避免小人的袭击，那就在第一次给她一个下马威，叫她不敢再近身。

那么，如何给小人这个下马威呢？这也是有技巧的。

第一、字里行间透着四个字"别欺负我"。在职场中，你当然可以扮演一个老实的角色，让大家觉得你很有亲和力。可是，太老实的人容易被人欺负，所以，平时聊天的时候，你就一定要透露出四个字：别欺负我。这可以表现在说话时讲一些自己曾经"厉害"的事。当小人知道后，想欺负你，也必定会考虑一番。当然了，太过于霸气，也会令别人不舒服，所以，做事情的时候，还是要把握一个度。

第二、小人争功，第一次就抢过来。小人为什么屡次都能争功成功呢？因为大家都是老实人，总觉得自己再去争，就显得很不安分，还有就是不自信，因为不确定自己是不是能把自己的功劳抢回来。小人正是抓住人的这种心理，才能屡次得逞。所以，当小人争功的时候，一定要勇敢地站出来说话。就算是不能把自己的功劳抢回来，也要让小人看到自己绝不是好欺负的人。下次小人再做这件事的时候，肯定就会考虑一下了。

第三、小人靠近，第一次就给他脸色看。一般来说，小人靠近你必定是带着目的来的。有可能是向你打探一些消息，有可能是为了了解一些你的情况，有可能是和你套近乎想从你身上得到一些利益等。当小人靠近你的时候，你首先就要给他脸色看，不能去迎合她。一旦她感觉自己拿热脸贴了你的冷屁股，她就不会再招惹你了。最起码他想要招惹你，也会考虑一下后果。

第四、第一次就透露自己的"背景"。一般来说，小人第一次想要靠近新人时，实际上是在打探新人的底，想要知道新人的一些关系背景，看看是不是可以"欺负"。所以，如果你有关系背景，应该在小人靠近你的时候，"无意中"告诉她。如果没有关系背景，也可以编造一些，但是这些只能让小人知道，不能让其他人知道。小人知道后会对你礼让三分，绝不会轻易招惹你。

很多时候，小人并没有强大到无坚不摧的地步，他们也是有弱点的。更多的情况是，小人是软弱的我们一点一点惯出来的。正因为每次我们都采取忍气吞声的态度，所以，小人才能一而再再而三的得逞。所以，我们坚决不能培养小人这样的习惯，在第一次的时候，就把小人的"美梦"扼杀在摇篮中，让他们无机可乘，无计可施。

扮猪吃老虎：百忍之后的致命一击

面对小人，有的人选择破口大骂，从此不相往来；有的人选择无限忍耐，反正也斗不过人家，还不如忍着，也不至于让自己损失太大；有的人选择逃避，我打不起，我还躲不起吗？结果是处处躲避小人，以求自保。究竟哪一种才是最好的方法呢？不相往来，会让身边的人误会，导致自己的人缘越来越差，一度忍耐只能让小人变本加厉，助长小人的嚣张气焰，一味逃避又只能让自己活得太窝囊，实在憋屈得慌。

难道对付小人，真的无计可施吗？当然不是，在这里给大家介绍一种对付小人的手段，那就是扮猪吃老虎：百忍之后的致命一击。

香香在职场中就遭遇了小人，因为这个小人总是在领导那里说自己的坏话，导致香香屡次立功之后，却不能升职加薪。这让香香恨得牙痒痒的，她明知道是谁，却不能揭穿她，让她十分无奈。对此，香香采取忍耐的态度，还和这小人套近乎。这小人也是一个小姑娘，只是心眼儿太多，经常背后下黑手，香香和她相处之后，越发觉得这个人是不折不扣的小人，可因为领导喜欢她，谁都拿她没办法。

有一天，机会终于来了，香香所在部门的领导被调走了，来了一位新领导，新领导召开会议之后，小人立即就凑了上去，想要和新领导套套近乎，几次之后均不得手。直到有一天小人工作上犯了错误，领导直接叫她辞职。她觉得自己怪委屈的，和领导说自己只不过犯了一些小错，怎么就要开除了呢？原来领导刚来的时候，香香就已经把部门的基本情况汇报给了领导，香香自然会特别提到小人了，她还把自己和小人在一起时候的录音之类的给了领导。事后，小人一直想方设法和领导套近乎，这让领导落实了香香的汇报。于是，当小人犯错之后，领导也就找到机会将她辞退了。

香香所采取的方法就是扮猪吃老虎的方法。所谓扮猪吃老虎，就是说猎人想要抓住老虎，就先假装成一头猪，学猪叫，先把老虎引诱出来，等到老虎靠近时，再趁其不备，一招致命。反过头来，运用到对付小人的方法上，就是说在小人面前，将自己仇恨和愤怒隐藏起来，像猪一样，对其百般讨好，永远都是一副微笑的样子，让小人慢慢对自己失去戒备心，等到机会到来，再将小人一招击败。对付小人，用扮猪吃老虎的方法，还真是绝！

但是，扮猪吃老虎，也需要注意一些事项。

一、绝对的隐忍。俗话说"忍"字头上一把刀，忍耐是一件十分辛苦的事情，可是如果不忍，只能暴露自己，让小人有机可乘。所以，为了打败小人，还是需要隐忍一段时间的。一定要绝对的隐忍，不能暴露自己。这需要你做到，看见小人做坏事熟视无睹，明明知道小人对自己背后下手，也假装并不知情。

二、忍耐过程中保持警戒。想要击败小人，就一定要聪明行事，不能只是一味拉拢小人，和小人套近乎，要学会记录该记录的东西，掌握小人的特征和动态以及行事方法。就像香香那样，能够在关键时刻将这些东西用上。拿到小人致命的证据是十分关键的，如果到时候机会来了，而你又拿不出有力的证据，恐怕小人还会反咬一口，这样一来，自己可就尽失人心了，又给了小人一个大好机会。所以，能不能将小人击败，还要看忍耐过程中是不是足够机警，能找到小人致命的弱点和证据。

三、寻找合适的机会，采取必要的行动。在和小人相处的过程中，一定要尽快寻找合适的机会，采取必要的行动，将小人一举击败。如果不能确定打败小人，那就一定不能轻举妄动，否则自己可就功亏一篑了。但是，在采取行动之前，最重要的是已经掌握了小人的证据和弱点，否则最后吃亏的也还是自己。

四、不能抛弃其他人。在和小人接触过程中，断绝了和其他人的来往，这可是大忌讳，这会让其他人认为，你已经和小人同流合污了。所以，即便是要和小人套近乎，也是要在私下里进行，而且决不能抛弃其他人。虽然这有一些困难，但是想想之后给小人的致命一击，你会觉得一切都是值得的。你可能会问，如果自己既和小人交好，又和其他人交好，这会不会让自己既不能深得小人之心，又不能和同事保持良好关系呢？当然会有这种情况的发生，这就要看你的本事了。所以，一定要快，找准机会，立即下手，才不会让自己落得这样的下场。

对付小人的方法并不多，扮猪吃老虎这样的方法无疑是十分聪明的方法，宣扬正气，一举击败小人，让小人无处遁形。所以，当我们发现小人的存在时，一定不能采取听之任之的方法，这样会极大助长小人的嚣张气焰，让小人更加猖狂。发现小人，不动声色，将其一招致命，这才是我们应该做的。

遭遇同事"争功",攻"身"不如攻"心"

对于感性的女人来说,同事就是朋友,是在一起分享喜怒哀乐,一起工作的伙伴。可是,同事的定义真的是这样的吗?当然不是,其实同事关系是很复杂的关系,同事之间既有相互协作的伙伴关系,又有争先恐后的竞争关系。

正是因为同事之间的这种竞争关系,才催生了小人。小人喜欢做什么呢?背后打小报告,让你升职梦破灭;背后使坏,让你的工作进展遇到障碍;事先抢功,让你的功劳全都成了他的功劳。背后打小报告和背后使坏,最多造成的结果是损人不利己,破坏了别人的好事,他自己也得不到什么好处。而争功可就不一样了,把别人的功劳全都压在自己身上,之后升职加薪也全都是自己,这么损人利己的事情,他们做起来不亦乐乎。

遭遇小人跑来争功怎么办?有的人采取立即还击的方法,知道小人来争功了,立即展开唇枪舌战,非要把小人骂个狗血淋头不可,最后造成的结果是两个人吵来吵去也没改变什么,还让同事以及领导对自己的印象大打折扣;有的人采取以牙还牙的方式,这次小人来争功了,下回自己也给小人捣乱,叫他也尝尝被人背后使坏的滋味,最后造成的结果是毁坏了自己的名誉,又让小人钻了空子;还有人更是暴脾气,遭遇小人争功,直接采取暴力方式,人前也好,人后也罢,先出了自己这一口恶气再说,把小人打得半死,结果自己赔了多少医药费不说,也损坏了自己的形象。那么,究竟如何对付小人的争功呢?先让我们看看吉雅是如何做的。

吉雅刚步入职场没多久,干劲十足,一直虚心向前辈请教,也经常加班加点儿。前段时间,她自己拿下了一个项目,没日没夜地忙了许久,总算是圆满成功了。可是,令吉雅没有想到的是,就在她马上要向自己的领导汇报成果时,自己的同事飞飞捷足先登，和领导把具体情况说了一下，领导十分满意。这个项目原本就是吉雅和飞飞一起做的，但是因为飞飞一直不怎么喜欢这个项目，基本上是一点儿都没插手，完全是吉雅一个人完成的。却没想到飞飞一个人把功劳抢了下来，领导在会议上表扬了飞飞，还单独奖励了她一千块的奖金。

很多人都为吉雅抱不平，吉雅虽然生气，可知道事情已经成了这样，自己也无能为力，也就没说什么。后来的工作中，吉雅还是和飞飞像以前那样相处，丝毫没有因为这件事受到影响。起初飞飞也觉得很诧异，可是吉雅还是一如既往对她好，这让飞飞十分惊讶。久而久之，飞飞也觉得自己做事情很过分，虽然没有主动和吉雅道歉，但是，抢功这样的事再也没对吉雅做过了。

其实，吉雅的做法才是应对小人十分明智的方法。对付小人，攻其身，不如攻其心。像和小人吵架，对小人以牙还牙，或是背后把小人臭揍一顿，这都是在攻身。攻身会造成很严重的后果，甚至会影响到自己的名誉，而攻心呢？将会杜绝小人的争功。

如何攻心？首先，克制自己，哪怕真的很生气，也不要大发脾气，更不要在别人面前发脾气，先稳住自己的情绪，寻找自己被人抢功的原因，谨记下次坚决不再犯。其次，对小人如当初一样，你就当做什么事情都没有发生过一样，在别人眼中你很大度，赢得了别人的钦佩，而对于小人来说呢，因为做贼心虚，她势必不会像以前那样，最起码短时间内，她会躲你远一点儿。最后，对小人稍加关心。不要觉得小人会怀疑你的用心，你尽管大大方方去做好了，一次不行那就两次，两次不行那就三次，直到小人心软为止。那个时候，她会觉得十分内疚，后悔自己当初不应该对你下手。虽然都说江山易改，本性难移，小人做惯了，做好人也是做不来的，可是，最起码有了这次的教训，小人是不会再对你下手了。当然了，能够彻底改变小人的禀性自然是好的，但是，如果改变不了，能够让小人对你敬而远之，也是一个不错的结果。

对付小人，攻身不如攻心。人心都是肉长的，世界上没有如石头一样冷血的心，小人的心也是如此。他们也是有血有肉的，他们也是有感情的。你可以恶语讽刺他们两句，也可以把他们臭揍一顿，可是这样对于他们来说是毫无效果的。可能一时间能让他们老实下来，可他们早就怀恨在心，正在寻求机会来报复你呢。所以，还是不要攻击他们的"身体"了，对你是没好处的。

附录

别让你的才华失控

世界上从来都不缺少才华横溢的人。或许当你看到这句话的时候，觉得心里有些不服气，可是，事实的确如此，几乎到处都是才华横溢的人，不信你可以问一问你身边的朋友们，谁没见过几个有才华的人呢？有的人口才了得，有的人文采了得，有的人琴棋书画无所不通，有的人投资理财甚是精通；有的人似乎具有天生的创造力；有的人具备完美的执行能力……当你询问了自己的朋友，你或许就会知道才华横溢的人真的满大街都是。可是，这些人又都遭遇些什么样的境遇呢？

口才了得的人，有的却总是经常得罪人，人际关系差的要命，而有的却左右逢源十分吃得开；文采了得的人，有的从未在一家杂志或是报纸上发表过文章，而有的却已经是小有名气的作家；琴棋书画无所不通的人，有的从未向别人展示过，甚至让别人以为他们根本是在吹牛，而有的却活跃在自己的舞台上；投资理财甚是精通的人，有的却一分钱都赚不来，有的却是靠投资起了家；有天生创造力的人，有的从未见他们有过发明创造，而有的却已经享有多项专利；有完美执行能力的人，有的却从未进行过一次活动或是演出，而有的已经是圈里有名的好手。

你可以看到同样是有才华的人，他们的境遇竟是如此不同。也许你会说，可能那些境遇不好的人，他们的才华还不够。其实，许多境遇好的人，他们的才华还不如那些境遇不好的人呢。一个人的才华能不能展示出来，不是看他的才华到底有多好，而是看他能不能把控自己的才华。

没错，如果你也是一个有才华的人，你就应当学会控制自己的才华。只有能够掌控自己才华的人，才能尽情施展自己的才华，不能掌控者，只能是怀才不遇，郁郁而终。历史上怀才不遇的人数不胜数，孔子圣贤，韩非禀法，屈原抱恨，贾谊藏忧，李白清高、李贺苦痛，冯唐易老，李广难封……这些人是公认的才华之人，却没有一个人落得一个好下场。所以，我们应当学会掌控自己的才华。

那么，如何掌控自己的才华，不让自己的才华失去控制呢？

一、不狂妄。一个狂妄的有才人，不如一个低调的无才者。你可能有十分才，而你却狂妄地宣告世界自己有二十分才，如此狂妄的你，早晚有一天会毁在自己手上。狂妄的人走到哪里都不会受人欢迎的，别人会不屑地说："不就是有点儿才吗？这有什么了不起的。"所以，你应该做到的是不狂妄。要知道天底下从来不缺少有才华的人，你并不是绝无仅有的，所以，也没有什么可以值得狂妄的。

二、不炫耀。一个有才华的人，取得一些成绩是必然，所以，没必要骄傲地把尾巴翘上天去，要做到不炫耀。实际上也没有什么好炫耀的，如果你没有任何成绩，那才会成为别人的笑料。一个只会炫耀的有才之人，终有一天会江郎才尽的。

三、不隐藏。一些有才华的人总喜欢隐藏自己，不被别人知道。或许是因为害怕给自己找麻烦，或许是害怕别人的嫉妒，总之，一些人总不愿意把自己的才华显露出来。可是你不展示出来，上天不就白白赐予你这样的天赋了吗？所以，有才华是好事，不要藏着掖着，该出手时就要出手。

四、不过分暴露。有才华当然需要展示，但是过分地暴露，可就是自毁前程了。起初，你可能因为自己的才华十分受欢迎。可是，慢慢地，你就会发现，随着掌声的增多，自己的才华也需要越来越多地展示，有些已经超出了自己的能力范围，如此一来，你就会叫大家失望的。一次一次失望的累计，也就慢慢让大家对你失去信心，自此，你的才华也就再无用武之地了。学会适度，别让自己充分暴露。

五、不断学习。老天爷可能真的偏爱你，给了你别人没有的东西。但是，老天爷终究是公平的，给你的就这么多，用完了就没了。如此一来，你就必须学会学习。你要不断充实自己，不断让自己向高层次迈进，只有这样，你才能一直处于不败之地。

古往今来，才华横溢的人真是不少，怀才不遇的人也当真是数不胜数。为了能够让自己在生活中成为一个胜者，还是学会把控自己的才华吧！千万不要让它失了控，辜负了老天爷对自己的偏爱。

该出手时就出手

当你知晓这个世界上才华横溢的人很多时，或许会有一些不甘心，或是会有一些失落。别着急，即便是世界上有这么多才华横溢的人，能够成功的也没有几个。一个人的成功并不完全取决于这个人的才华，很多人都说成功靠的是能力、勤奋和机遇。随着时代的不断变化，随着才华横溢的人不断增多，机遇在人们的眼中变得越来越重要，甚至有人认为一个人能不能成功靠的就是机遇。

放眼我们最熟悉的影视圈里，是最能说明这个问题的。一部《还珠格格》让赵薇大红大紫，该剧很多演员都获得了空前的热度，可是当年出演"还珠格格"的最佳人选并不是赵薇，阴差阳错间才成就了赵薇；当年的一部《卧虎藏龙》让章子怡成为了国内外都知晓的人物，从此她也走上了国际化的道路，可是又有谁知道章子怡的角色原本是舒淇的，只是舒淇拒绝了这个角色，结果就成全了章子怡；一部《泰囧》创造了12亿的神话，可是导演兼主演的徐峥却是敲了很多人的门，才得到了这部影片的投资商，不知道那些没有选择投资的人是不是肠子都悔青了呢。

很多时候人们的失败，并不是因为没有能力，也不是因为没有才华，而是因为在机会来临的时候，没有抓住它。

正所谓该出手时就出手，有时候你的一个选择真的可以改变你一生的命运。那么，如何才能抓住属于自己的机会呢？

一、自我认识。在抓住机遇之前，首先要对自己进行一个深刻的了解。正所谓知己知彼方能百战不殆，只有了解了自己，才能知道自己到底可以承受什么，能承受多少。以免因为太高估自己，让自己一败涂地，也避免因低估了自己，让机会又偷偷溜走。无论是高估自己，还是低估自己，都会造成机会的流失，这个错误千万不能犯，所以，还是先自我认识一下吧。

二、自我准备。机会永远都留给有准备的人，当你时时刻刻盼望机会到来的同时，不如也充实一下自己。金无足赤人无完人，每个人都有缺点和弱点，当机会不来光顾的时候，何不去填补自己的空白，让自己变得更加优秀呢？这样，机会来的时候，就不怕抓不住了。平时在工作之余少玩游戏多看书，不断充实自己，让自己逐渐"完美"起来，虽说世界上没有"完美"的人，可是让自己少一个缺点，自己就又增加了不少成功的筹码。

三、拥有一个良好的人脉。人脉关系对于现在的人来说，其重要性不言而喻，所以，你有必要搭建一个良好的人脉。你可能会问人脉和机遇有什么关系呢？实际上人脉是创造机遇的客观条件。有时候，你不知道如何认识的一个朋友，就可能带来一个改变你命运的机遇。有许多人能够成功，都是有赖于朋友的帮助，或是朋友的提点。所以，想要拥有好的机会，先来充实自己的人脉，为自己的机遇创造一个良好的平台吧。

四、学会自我推销。许多人输就输在这里，没错，就是不会推销自己。一个策划案，他能够让它完美的呈现出来，可是却不会在决策者面前表达自己是多么的优秀。这样的人就好像醇香的美酒，只有等酒壶的盖子打开时，才会让人知道有多"香"，可是，要过多久才能把盖子打开呢？如果没人打开这个盖子，就要把"香"藏在肚子里一辈子吗？所以，我们真的应该学会如何推销自己，尤其是在一些重要的决策者面前，更应该学会如何展现自己，让别人发现自己的优点，让别人敢于把机会给自己。

五、开拓视野，培养前瞻性。套用一句话，世界上不是没有美，而是缺少发现美的眼睛，实际上，世界上也不是没有机会，而是缺少发现机会的眼睛。这就需要我们不断开拓视野，培养自己的前瞻性，往往那些能看到"未来"的人，才能抓住机会，创造属于自己的成功。所以，在平时的生活中，我们应该不断充实自己，多发掘，多创造，让自己的眼界变得宽一些，让自己具有更高更强的前瞻性，这样就不怕机会在自己的身边溜走了。

美国现代成人教父卡耐基说过：我们多数人的毛病是，当机会冲向我们的时候，我们都是闭着眼睛的，很少有人能够去追寻机会，甚至在绊倒的时候还不能见着它。

是啊，我们不是缺少才华，只是缺少了抓住机遇的能力而已。当我们不断完善自己，不断放宽眼界时，或许就会发现，这个世界上留给我们的机会真的不少，只是我们没能抓住罢了。

不要踌躇，不要犹豫了，你还是那个才华横溢的你，只是你需要再把眼睛放大，看到那些属于你的机会，勇敢地抓住它，你就可以尽情展示你的才华，一步一步迈向成功了！